甘肃文史集萃 第一辑

甘肃省人民政府文史研究馆 编

西汉水与乞巧节

赵逵夫 著

甘肃文化出版社

甘肃·兰州

图书在版编目（CIP）数据

西汉水与乞巧节 / 赵逵夫著. -- 兰州 ：甘肃文化
出版社，2024. 12. --（甘肃文史集萃）. -- ISBN 978
-7-5490-2847-4

Ⅰ. K892.1

中国国家版本馆CIP数据核字第2024A95V71号

西汉水与乞巧节
XIHANSHUI YU QIQIAOJIE

赵逵夫 ｜ 著

策　　划 ｜ 周乾隆　甄惠娟
责任编辑 ｜ 党　昀
封面设计 ｜ 石　璞

出版发行 ｜ 甘肃文化出版社
网　　址 ｜ http://www.gswenhua.cn
投稿邮箱 ｜ gswenhuapress@163.com
地　　址 ｜ 兰州市城关区曹家巷1号 ｜ 730030（邮编）

营销中心 ｜ 贾　莉　王　俊
电　　话 ｜ 0931-2131306

印　　刷 ｜ 西安国彩印刷有限公司
开　　本 ｜ 889毫米×1194毫米　1/16
字　　数 ｜ 155千
印　　张 ｜ 10
版　　次 ｜ 2024年12月第1版
印　　次 ｜ 2024年12月第1次
书　　号 ｜ ISBN 978-7-5490-2847-4
定　　价 ｜ 38.00元

总　序

2023年6月1日,习近平总书记在中国国家版本馆考察时强调:"盛世修文,我们这个时代,国家繁荣、社会平安稳定,有传承民族文化的意愿和能力,要把这件大事办好。"

延续中华民族"修史立典、存史启智、以文化人"的传统,赓续文化血脉,留住中华民族的根与魂,是每一位文化工作者义不容辞的责任。

存史资政,呼应时代

近年来,甘肃省政府文史研究馆始终坚持"敬老崇文、存史资政"的办馆宗旨,始终以传承弘扬中华优秀传统文化为己任,致力于打造学术精品,积极推动文化赋能地方发展。在新时代推进文史研究,深度契合弘扬中华优秀传统文化的时代精神,为繁荣发展甘肃文化事业,增强中华文明传播力、影响力,努力持久地作出新的贡献。

本套丛书收录了文史馆馆员的研究成果,是一套扎根于中华优秀传统文化、洋溢着对中华民族的历史自信与文化自信的丛书,更是甘肃省政府文史馆著书立说的延续和拓展。

辨章学术,考镜源流

作为各自独立的学术专著,这套丛书从纷繁复杂、波澜壮阔的西北经济、政治、社会、文化发展历史中采撷了五色吉光。丛书作者均是甘肃省政府文史研究馆馆员,他们著作等身,在学术研究,尤其是在西北地方史研究方面堪称领军人物。因此,本套丛书能不囿门户之见、不泥一家之言,呈现出生动多元的学术探索成果。本丛书中,《唐宋敦煌史事记略》《敦煌民族文献论稿》《敦煌文献及西北历史文化研究》,以翔实、细微和具体的史料研究历史,考镜源流,辨章学术,从而建立起对西北历史更深刻、更清晰的立体构架。

作者既能借助大量史料还原历史,让读者身临其境,又能以旁观者的视角为读者剖析人物事件。就像汪受宽馆员在《古史述议》中所讲:"他们的事迹是那么鲜活,他们的活动是那么精彩,他们把人性的善良和丑陋张扬到极致,他们的结局叫人恨、让人喜、令人悲、使人痛。"我们跟随作者的笔触,在"当时"与"今日"之间自由出入,窥见历史的偶然性和必然性。

《西汉水与乞巧节》则别有一种学术风度和科学精神,呈现出文史兼治、以史证文的研究特色。赵逵夫馆员以汉水、牛郎织女传说和七夕风俗三者的关系为中心,以材料和考证作支撑深入探索,揭示了一些长久被人们淡忘、忽视的史实。透过颇具浪漫主义色彩的神话传说,我们亦能深切感受到农耕文化的深厚淳朴、民间文学的生动丰饶。

聚焦问题,以古为新

陈寅恪先生在《敦煌劫余录》序中讲道:"一时代之学术,必有其新材料与新问题。取用此材料,以研求问题,则为此时代学术之新潮流。"《西汉水与乞巧节》《古史述议》《敦煌文献及西北历史文化研究》《唐宋敦煌史事记略》《敦煌民族文献论稿》五部专著,跨度从古代到当下,从思想到政治,从文史到民俗,为读者梳理了清晰简洁的历史脉络。既回到过去,在人类文明的灿烂遗产中钩沉拾贝,也面向今天,面向时代,面向未来,以古为新。

作为学术类丛书,本套丛书更有着极为深切的现实关怀。切近社会问题,把握时代脉搏,立足中国未来发展,保持文化的创造性活力,是传统知识分子和当代学人一脉相承的责任与使命。本套丛书,不仅在于"求真",更重视"求解"。几部著作都突出体现了关注实践的问题意识和探究理论的独特视角。

依托甘肃粲然可观的文化遗产和文史馆馆员丰硕的研究成果,我们希冀这套丛书可以展现甘肃文史的厚重与精深,以使读者更好地感知多元一体的中华文明的丰富内涵,以及中国优秀传统文化的精神内核,从而为实现中华民族伟大复兴的中国梦提供精神动力。

是为序。

甘肃省政府文史研究馆党组书记、馆长 王华存

2024 年 6 月于兰州

目　录

1

一、西汉水、汉水、天汉、天水的关系

今天,西汉水和东汉水是各自独立的水系。西汉水,源自甘肃省天水市秦州区南部嶓冢山(又称齐寿山),流经天水市秦州区、礼县、西和县、康县、成县,在陕西省略阳县汇入嘉陵江,是嘉陵江上游的重要支流。汉水,亦称东汉水,发源自陕西宁强嶓冢山,流经汉中、安康、湖北丹江口、襄阳,在武汉龙王庙汇入长江,是长江重要的支流之一。但在西汉以前,西汉水、东汉水是同一水系,西汉水为古汉水的上游。西汉初年,地震使河道淤塞,发生了河流袭夺现象,古汉水在略阳中断,其上游发源于甘肃的部分向南流去,汇合白水江为嘉陵江;发源于陕西的沔水仍按旧河道经湖北入长江,后人名之为东汉水。

天水秦州区齐寿山

（一）变迁的汉水、漾水、嶓冢山

这里就得说一说两条汉水、两条漾水、两座嶓冢山孰先孰后的问题。这当中关键的是汉水。因为《尚书》中说"嶓冢导漾，东流为汉"，哪一条是秦人最早说的汉水，它的上游也就是最早的漾水；其所发源之山，也就是《尚书》中说的嶓冢山。

目前所有辞书的词条，都是将两条水分别称作"汉水""西汉水"，而不作"汉水""东汉水"，或"东汉水""西汉水"。显然，目前普遍以陕西的汉水为最早的汉水，所以西汉水是因它而得名。如新编《辞源》"汉水"条：

> 源出陕西宁羌县北嶓冢山。初出时名漾水，东南经沔县为沔水，东经褒城县，合褒水，始为汉水。……《书·禹贡》："嶓冢导漾，东流为汉。"汉即汉水。

其"西汉水"条云：

> 水名，在甘肃南部。南源出天水县寨子山，北源出天水县长板梁子，两源汇合后称之西汉水，又称犀牛江，东流入陕西略阳为嘉陵江。《水经注》二十《漾水》："汉水又南入嘉陵道而为嘉陵水。"即指西汉水。

其"漾水"条与"汉水"条大体相同。这里"西汉水"，虽无正宗之名，尚有侧庶之号，"漾水"之名则只归于陕西宁羌所发源者。其"嶓冢"条云：

> 山名。1.在陕西宁羌县北。东汉水发源于此。《书·禹贡》："嶓冢山导漾，东流为汉。"2.在甘肃天水县西南，西汉水发源于此。又名兑山。为秦国最初封地。清蒋廷锡谓二山南北相距数百里而支脉隐然联属。参阅《尚书地理今释》《嘉庆一统志》二三七《汉中府》一。

我觉得《辞源》中这几条解释，写得较好的是"嶓冢"的一条，它肯定两处发源之山均有"嶓冢"之名，对发源于陕西宁羌的又用了"东汉水"这个说法，将两条汉水同等看待。

其实发源于甘肃名"汉水"者在先，而发源于陕西宁羌和留坝的本叫沔水，为上古汉水的重要支流,因流入汉水,故得"汉水"之名。①《尚书·禹贡》在梁州和雍州均提嶓冢山。梁州部分说:"岷、嶓既艺,沱潜既导。"孔《传》:"岷山、嶓冢,皆山名。水去已可种艺。"岷山指甘肃、四川之间的山脉。西和、礼县之地属长江流域,古人按水系归之于梁州(四川属之)。此嶓冢是指甘肃南部的嶓冢山无疑。山在雍梁之间,而水则南流。《禹贡》"雍州"(甘肃属之)部分关于汉水云:"导嶓冢,至于荆山。"可见上古时汉水是由甘肃南部之嶓冢直流至今湖北省北部之荆山附近。《禹贡》中又云:"嶓冢导漾,东流为汉,又东为沧浪之水。"《尚书·禹贡》中两处所言"嶓冢",实为一山,而漾水则只一处提到。关于《禹贡》的创作时间,据金景芳先生之说:"可能是周室东迁后不久某一位大家所作。"②1933年8月出版的由丁文江、翁文灏、曾世英所编纂的《中国分省新图》上,标注汉水发源于甘肃南部,此书实有正本清源的作用。

刘起釪《尚书校释译论·禹贡》"岷嶓既艺"句校释说:

> 依《禹贡》之意,嶓冢自当在汉水(漾水)源头。《山海经·西山经》即说:"嶓冢之山,汉水出焉,而东南流注于沔。"显然有地理实际为其神话传说之素地,则原来陇西郡氐道之山应为嶓冢。据地形图,西县嶓冢蜿蜒而东并为氐道嶓冢。

又说:"《水经·漾水注》说出氐道嶓冢之漾水'东至武都沮县为汉水',与《汉志》'武都郡武都县'下所说'东汉水受氐道水。一名沔'相合。是说汉水承上游氐道来之漾水,符合《禹贡》'导川'所说'嶓冢导漾,东流为汉'之原意。……由本文知撰《禹贡》时氐道之水仍连汉水。其绝流时间当在《禹贡》后。氐道水绝流后,汉水遂只有今陕境略阳以东的出于临强之北的南源(沔水源)与出于留坝之西的北源(沮水源)。"③

---

①新编《辞源》有"沔水"条:"水名,在今陕西勉县境。东汉建武三年光武将岑彭潜兵渡沔水,大破秦丰将张扬于阿头山,即此水。见《后汉书·彭岑传》。参见'沔一'。"沔"字条一云:"水名,一名沮水,出陕西略阳,东南流至勉县,西南入汉水,为汉水的上游。《书·禹贡》'浮于潜,逾于沔'。注:'汉上曰沔。'"按:勉县即旧沔县,另外,沔水实有南北两源,南源出宁羌县,北源出陕西留坝县西,一名沮水。二水合于勉县东流。

②金景芳、吕绍纲:《〈尚书·虞夏书〉新解》,辽宁古籍出版社,1996年,第290页。

③刘起釪:《尚书校释译论》(第二册),中华书局,2005年,第716—718页。

(二)汉水的断流与西汉水

古汉水中断为二的时间在西汉时代,可在古代文献中得到印证。班固《汉书·地理志下》陇西郡西县下已说:"《禹贡》嶓冢山,西汉所出,南入广汉白水,东南至江州入江。"①称汉水上游为"西汉",可见班固之时早已分为二水。文中所谓"广汉白水",即今之嘉陵江。"嘉陵江"之名,本是陕南、广汉一带人称改而南流的汉水。"嘉陵"本秦先公先王陵墓之名,礼县古名"天嘉",亦因此之故。后"嘉陵"被用来称白水江,汉水上游称作"西汉水"。

郝懿行《山海经笺疏·西山经》"汉水出焉"一句下注:

> 《地理志》云:"陇西郡西,《禹贡》嶓冢山,西汉所出,南入广汉白水,东南至江州入江。"又云:"氐道,《禹贡》养水所出,至武都为汉。"养字本作漾。《说文》云:"漾,古字作瀁。"是《地理志》以出氐道者为汉水,出嶓冢者为西汉水也。《水经》则云:"漾水出陇西氐道县嶓冢山,盖合二水为一也。"

可以说关于秦地此一山两水,乃是赤陇所误解。西汉时武都在今西和县略峪镇。东汉时武都郡迁于下辨(今成县抛沙),武都县尚在略峪。引文开头"陇西郡西"的"西",实指西县,非方位词。据谭其骧主编《中国历史地图集》第二册《凉州刺史部》和史为乐主编《中国历史地名大辞典》(中国社会科学出版社2005版),当武山县之南部,朱圉山以西。这一带的水多向北流入渭水。汉代氐道在今礼县西北,向东亦应包括今西汉水上游几支流在内,出氐道者,出嶓冢中实为一水。我们由《汉书·地理志》可以看出:

1.发源于嶓冢山的是西汉水而不是东汉水。根据《尚书·禹贡》"嶓冢导漾,东流为汉"之说,东汉时所谓的"西汉水",即《尚书·禹贡》所说汉水的上游。《汉书·地理志》在"陇西郡"西县下云:"《禹贡》嶓冢山,西汉所出,南入广汉白水,东南至江州入江。"这是就汉水中断变为两条水之后其上游部分的情形而言。这里所说嶓冢山

---

①刘琳:《华阳国志校注》,巴蜀书社,1984年。

本指位于甘肃南部嶓冢山。

2.《汉书·地理志》同样在"陇西郡"氐道县下云:"《禹贡》养水所出,至武都为汉。"有的人理解此指东汉水(郝懿行即如此)。其实,这仍然是言发源于嶓冢山的汉水,只是因所据材料不同,分一为二而已。因为西汉氐道并不在汉中郡,而在陇西郡的西县以西。武都之地也是在陇南(西汉时武都郡设今西和县略峪镇,东汉时郡治移今成县抛沙,武都县尚在今略峪)。班固为后汉扶风安陵(今陕西咸阳市东)人,对那一带的水名、山名,一清二楚,他也认为发源于宁羌(在汉代沔阳以南)者,非《禹贡》之汉水。

3.当时沔阳以南发源沔水之山尚未被命名为"嶓冢山",故班固亦未提到。刘起釪《尚书校释译论·禹贡》"岷嶓既艺"句校释说:

> 北魏正始中析汉水源头所在地沔县(今陕西勉县)置嶓冢县,属华阳郡。《魏书·地形志》"华阳郡嶓冢县"下云:"有嶓冢山,汉水出焉。"这是汉水源头有嶓冢山见于记载之始。自是沔阳嶓冢县之嶓冢山,遂与陇西西县之嶓冢山并载于文献中。而后来嶓冢县名迭变,隋改西县,以适应其地有嶓冢山。唐改金牛县,宝历间省金牛入三泉县,宋升三泉为大安军,元降军为大安县,明改宁羌州,清称临羌,即今临强。[①]

所论十分精到。

4.沔水与其上源(西汉水)中断之后仍袭"汉水"之名,或称为"东汉水"。此后有的人又误称沔水上游为"漾水"。

根据上面的分析可知,秦人发祥地西陲(汉代西县)的汉水,就是《尚书·禹贡》所言之汉水,其上游名曰"漾水"。其东流经略阳,至今沔县与沔水合。西汉之时在略阳一带汉水中断后,一水变为两条水。后人并不清楚其关系而误称沔水上游为"养水",或作"漾水",又称沔水所发源之山为"嶓冢山"。

今汉水中源与嘉陵江流域的分水岭附近一带存在显著的河流袭夺地理特征:

---

①刘起釪:《尚书校释译论》(第二册),中华书局,2005年,第718页。

一是在陕西省宁强县烈金坝附近,漾水平常水面宽不过10米,但河身宽达2000~3000米,水量与河槽很不相称,河流地貌学上称此为不相称河流,造成这种现象的原因多是河流袭夺;二是本段河谷虽然是汉水最上游,却不像一般河流源头都是深邃峡谷,在烈金坝以下很多地方,如董家坪、铜钱坝、较场坝、青羊驿、中坝子、大安驿等都呈现宽广的谷地或小盆地,沉积现象普遍,烈金坝以上干流成为峡谷,支流青泥沟却是宽谷,并由本沟一直延伸至嘉陵江流域的代家坝;三是汉水中源漾水与嘉陵江支流的低矮分水岭(又名凤飞岭)上,可以找到由古河流堆积厚达0.5米的卵石层,这些卵石的直径多在0.03~0.05米(或说0.01~0.02米),显然已经过长远的流水搬运与选择作用。[1]

　　早在20世纪初,汉水中源与嘉陵江流域分水岭附近一带的河流袭夺地理特征就引起了学术界的关注、研究。20世纪30年代,赵亚曾、黄汲清在查勘了汉水上游地貌之后,认为嘉陵江干流在六其沟以上曾经东流入汉水;20世纪40年代,李承三、周廷儒等就袭夺问题又提出进一步的看法,认为"沔之西源,应为嶓冢山西之巩家河",嘉陵江袭夺了原本属于汉水的支流巩家河(嘉陵江支流黑水河的主要支流);20世纪50年代,中国科学院地理研究所、水利部长江水利委员会汉江工作队在汉江流域进行野外地理考察的时候,工作队的学者也基本上认同李承三的观点,认为"主要的原因恐怕还是由于地壳的上升"。[2]李建超在《我国又一条电气化铁路——阳安铁路》一文中提出:"原来嘉陵江上源由北向南流到阳平关附近,不是继续南流入四川,而是东流入汉江的。如今铁路所经过的地方,就是一条被遗弃的古河床。"[3]

① 沈玉昌:《汉水河谷的地貌及其发育史》,《地理学报》第22卷第4期,1956年;周宏伟:《汉初武都大地震与汉水上游的水系变迁》,《历史研究》2010年第4期。

② 赵亚曾、黄汲清:《秦岭山及四川之地质研究》,前《中央地质调查所专报》甲种第9号,1931年;李承三、周廷儒、郭令智、高泳源:《嘉陵江流域地理考察报告》,《地理专刊》第1号,1946年;沈玉昌:《汉水河谷的地貌及其发育史》,《地理学报》第22卷第4期,1956年。

③ 李建超:《我国又一条电气化铁路——阳安铁路》,《地理知识》1978年第7期。

20世纪80年代以来，关于河流袭夺现象的发生并无准确的时间、地点判断，只是一些大致的推测。《辞海·地理分册（历史地理）》"漾水"条注，西汉水为汉水之源"系古代实际情况。汉水上承西汉水处在今阳平关，六朝时遭地震，东西二汉始隔绝不通"。[①] 汪荣春主编《嘉陵江志》云："嘉陵江在上古时代上游略阳以上河段实为汉江江源，嘉陵江河源尚在略阳以下……在西汉时代，嘉陵江对汉江河源的袭夺业已完成。"[②]《甘肃省志》第二十三卷《水利志》云："西汉水在地质年代曾是汉江源头，后来由于四川盆地水系溯源侵蚀，切开西汉水与川水的分水岭，将汉江上游的西汉水袭夺为嘉陵江上游。"[③]

21世纪初，周宏伟在《历史研究》上发表《汉初武都大地震与汉水上游的水系变迁》一文，提出嘉陵江曾通过溢流侵蚀的方式袭夺古汉水上游的观点，尝试对河流袭夺的历史过程进行复原。他认为："西汉初年（前186年）的武都道大地震，其震中约在今陕西略阳、宁强一带。武都道大地震造成今陕西宁强汉江中源汉嘉分水岭一带发生巨大的山体滑坡。山体滑坡一度阻断古汉水，并造成古汉水上游形成规模极为巨大的堰塞湖。堰塞湖天然坝体（汉嘉分水岭）的存在导致古汉水上游与中下游水路交通从此中断。"至公元前161年，堰塞湖水南向溢流而夺古潜水河道下泄，又在龙门山以北的阳平关谷地形成新的大泽。随着堰塞湖、天池大泽和龙门山以北大泽的相继消失，约到8世纪，嘉陵江袭夺古汉水上游的历史过程最终完成。[④]

我们弄清汉水、漾水、嶓冢山的变迁问题，是为了说明先秦之时称银河为"汉""云汉""天汉"，乃源于秦人关于织女的传说。也就是说，织女的故事传说是同秦民族的始祖女修有关的。"牛郎织女"故事的形成，则是周文化同秦文化交融后，在漫长的奴隶社会和封建社会中逐渐形成的。

---

①复旦大学历史地理研究所编：《辞海·地理分册（历史地理）》，上海辞书出版社，1982年，第285页。
②汪荣春主编：《嘉陵江志》，四川省水利电力厅，1991年，第3—4页。
③甘肃省地方志编纂委员会：《甘肃省志》第二十三卷《水利志》，甘肃文化出版社，1998年。
④周宏伟：《汉初武都大地震与汉水上游的水系变迁》，《历史研究》2010年第4期。

漾水、汉水,是秦人水名。秦人东迁以后,以旧居地山水名命名所在之地的山水,这在先秦时代差不多是一个规律。如商朝几次迁都,其地均命名曰"亳";楚人发祥于丹阳(其地在今河南省丹、淅二水之间),后几次迁徙,其都城均名曰"丹阳";自楚文王迁都郢,所居时间较久,以后所迁之都城,也都叫"郢";蔡国几次迁徙,均名曰"蔡"(后分别称为上蔡、下蔡、新蔡),等等。这是因为上古之时对于长久居住中心地区的地名记忆很深,已经具有一种部族中心的象征意义。当然,在不得已而迁徙离开之后,也有一种怀归的心理。秦人本居于西陲,自然对其周围山水记忆尤深。以此言之,嶓冢山本是秦人早期生活地一带重要之山,汉水本是秦人早期生活地一带重要之水。沔水本汉水之重要支流,统名之为"汉水"。

(三)汉水、天汉与天水

古人称分隔了牵牛织女的银河为"汉"或"云汉""天汉"。比如《诗经·小雅·大东》:"维天有汉,鉴亦有光。跂彼织女,终日七襄。虽则七襄,不成报章。皖彼牵牛,不以服箱。"《毛传》:"汉,天河也。"又《诗经·大雅·棫朴》:"倬彼云汉,为章于天。"《毛传》:"云汉,天河也。"《诗经·大雅·云汉》:"倬彼云汉,昭回于天。"《毛传》:"云汉,谓天河也。"《广雅·释天》:"天河谓之天汉。"又《大戴礼·夏小正》七月"汉案户"卢辩注:"汉,天汉也。"看来天河最早就被称为"汉",后来为了与地上的"汉"——汉水有所区别,才称作"云汉""天汉"。以"汉"为天河之名,显然是秦文化的遗留。以"天汉""云汉"为银河之名,也揭示了"牛郎织女"传说的形成与秦文化的关系。

处于陇南和陇东之间的是天水地区。天水之得名,据传世文献记载是始于汉武帝元鼎三年(前114年)。学者以为此即天水得名之始,因而在天水地名溯源上,出现了种种猜想。其实,"天水"之名非始于西汉,而始于先秦。

河南南阳白滩汉墓出土牛郎织女星象画像石（见潘鼐编著《中国古天文图录》）

1971年底,在礼县永兴乡蒙张村秦墓中出土一大批文物,其中有一家马鼎,盖上和腹上均有铭文曰:

天水家马鼎,容三升,并重十九斤。

该鼎现藏礼县博物馆。1996年夏,在东距蒙张村不足二十里的盐关镇附近,又出土一铜鼎,铭文曰"天水人家"(鼎已流失)。1997年秋,在距蒙张村更近的礼县祁山乡又出土一铜鼎,铭文阴刻"天水"字样(亦已流失)。近年,在距蒙张村三四里的文家村又出土一铜鼎,盖表铭文曰:"天水家马鼎,容三升,并重十斤。"家马本秦官,主国君私用之马。汉承秦制,至汉初仍有。秦国在天水有家马专主为国君养马,由此可看出两点:"天水"之得名在秦代以前;"天水"乃秦人所命名。

"天水"的命名即取义于"天汉源头"。《韵补》二"媒"字注引汉末陈琳《止欲赋》云:"云汉倬以昭回兮,天水混而光流。"正是将"天水"同"云汉"相对而言。

"天水"是汉代以前汉水(今之西汉水、东汉水的合流)发源地。"天水"之得名,同其地在汉水上游有关。

秦汉时所谓"天水",并非今日天水市的秦州区(1950年至20世纪80年代的专署或地区所在地天水市),而是指今天秦州区西南七十里的小天水(天水镇)及其以西至礼县冒水河一带之地。北魏太平真君七年(446年)在今礼县以东水南县置天水郡,辖今礼县、西和二县地,北周废。《水经注·渭水注》:"旧天水郡治,北城中有湖水。有白龙出是湖,风雨随之。故汉元鼎三年改为天水郡。其乡居悉以板盖屋,毛公所谓西戎板屋也。"《诗经·秦风·小戎》云:"温其如玉,在其板屋。"二者相合。

　　1990年,在礼县东部冒水河中游草坝村出土了一通《南山妙胜廨院碑》,碑文云:"秦州南山妙胜院,敕额古迹,唐贞观二十三年赐额昭玄院天水湖。"又云:"南山妙胜廨院,在天水县茅城谷。""茅城谷"即今冒水河两岸之地。这里所谓"天水湖"的"天水",应即汉元鼎三年(前114年)置天水郡之地。联系礼县永兴乡出土的两件"家马鼎"看,这里的"天水"之名,应产生于先秦之时。

　　综上所论,秦先民最早居于汉水上游,因而将晴天夜晚天空呈现的银白色光带也称作"汉"。周秦文化融合后,"汉"或"云汉""天汉"成了银河的通用名称。秦人将位于银汉北侧呈三角状排列的一大星、两小星称作"织女",以此纪念自己的始祖,保留了他们最古老的记忆。这个星名后来也成了织女星座的通用名称。天水的命名要迟得多,但也在先秦之时,那时"汉"即指天上的云汉、天汉。

二、西汉水、秦文化遗留与织女传说

（一）秦人始祖女修——织女的原型

"牵牛""织女"两星名分别代表着周、秦两族的一个祖先[①]。我国古代以人物命名的星宿名，基本上是部落、民族的始祖和传说中有所发明创造、有杰出贡献的祖先及上古时的杰出人物。如轩辕、柱、造父、傅说、王良、奚仲等。《庄子·大宗师》中说，傅说因为相武丁"奄有天下"，才"乘东维，骑箕尾，而比于列星"。各个部族的星的命名不相同者，在民族融合的过程中有些被较通用的名称所替代，有些则在一统王朝形成后逐渐改用了官名（古代星宿以官职命名者很多）。

作为星名和神话传说人物的"牵牛"，即《山海经》的《大荒西经》《大荒北经》《海内经》所载最早发明了牛耕的周先公叔均，"织女"即《史记·秦本纪》所说以"织"闻名的"帝颛顼之苗裔孙曰女修"。后来的传说中说织女是"天孙"，或者说是"天帝之女"，也与最初传说中她是"帝颛顼之苗裔孙"有关。从甲骨文可知，中国在商代以前就已经开始牛耕了，"胲作服牛"（《世本·作篇》）、"稷之孙曰叔均，是始作牛耕"（《山海经·海内经》），反映了我国人民的伟大创造。中国也是世界上养蚕最早的国家，是世界上有名的"丝之国"。织女的传说反映了作为农业辅助形式的家庭手工业在我国历史上的地位。牛郎织女的故事是一个古老的封闭性农业国家文化、意识、民族心理的凝聚，它的人物从一开始便是男耕女织的中华民族最基本的农业劳

[①] 参拙文《论〈牛郎织女〉故事的产生与主题》，《西北师大学报》1990年第4期；《汉水与西礼两县的乞巧风俗》，《西北师大学报》2005年第6期；《再论〈牛郎织女〉传说的孕育、形成与早期分化》，《中华文史论丛》2009年第4期，《新华文摘》2010年第9期；《陇东、陕西的牛文化、乞巧风俗与牛女传说》，《文化遗产》创刊号，2007年11月；《先周历史与牵牛传说》，《人文杂志》2009年第1期。

动者的象征。

《史记·秦本纪》说：

> 秦之先，帝颛顼之苗裔孙曰女修。女修织，玄鸟陨卵，女修吞之，生子
大业。

女修是秦人在母系氏族社会的最后一位祖先，是以"织"彪炳史册的；大业是秦人的第一代男性祖先，是由母系氏族社会过渡到父系氏族社会的领袖人物。女修这位秦人女性始祖的业绩，在早期的传说中只留下了一个字"织"。一个历史人物、事件，在长期的流传中，总是逐渐将一些细节和无关大局的因素忽略，最后留下最基本的要素，而且凝练为极概括的语言，形成事情的核心，口耳相传。在流传中人们有时也加以想象，另外添一些情节上去，甚至演变为神话，但作为历史内核的那一部分，则总是不变。女修的事迹从远古传到后来，只留下一个"织"字，可见她在纺织方面是做出了重大贡献的。她应该是秦民族进入父系氏族社会前母系氏族社会的首领。后代称这位秦人始祖为"女修"，"女"言其身份，"修"为其名号。古代"修"有修饰和治理二意，或者也与改进织布技术或组织妇女纺织有关。秦人以其在织布方面对氏族社会生活与经济发展的巨大贡献，而称她为"织女"，以之为银河西侧最亮一颗星的星名，把她看作神灵，永远受到后人的祭祀。织女星在银河西侧，这同秦人最早发祥于汉水上游的西岸是一致的。织女星为零等星，最亮，其命名应该是很早的，因给星星命名肯定是先从最亮的星开始的。《夏小正》"七月"部分说："汉案户（汉，银河。案户，直户，言成正南北方向），寒蝉鸣。初昏，织女正东向（织女星主星之旁正有二小组，形成开口向东张开）。"

（二）秦人发祥于陇右

今之西和县由古之西县（包括今礼县的部分地区）而来。"西县"的"西"字，《说文》言其是"鸟在巢上，象形"。为什么"鸟在巢上"为"西"呢？因为秦人本为少昊氏后裔，以鸟为图腾，从很早的时候他们就从今山东迁至最西的朱圉山（在今甘肃省甘谷县南部，与礼县接壤）。后从朱圉山沿茅谷（即古代神话中所说昧谷、蒙谷）向

南,到汉水上游(西汉水、东汉水本为一条水,在汉代才因地震而上游部分在略阳南流,形成两条水),因而也名其地为"西"。文献记载秦代已有"西县"之名,则形成应在此前更早的时期。所以,"西"就是日落之处。《太平御览》卷三引《淮南子》说:

日入崦嵫,经细柳,入虞泉之池,曙于蒙谷之浦。日西垂,景在树端谓之桑榆。

礼县大堡子山秦公墓出土的秦公簋
(蒲立、包连庄摄,本书图片除署名外均为蒲立、包连庄摄)

这段话见于《淮南子·天文》,唯于"日入"下夺"崦嵫,经细柳,入"六字,而两书中"曙于蒙谷之浦"一句中"曙"当是"暗"字之误(如作"曙",则应为"曙于旸谷之浦",才能与本段开头"日出于旸谷"相一致)。这段文字虽带有神话的色彩,但其中提到的一些地名,也应同先民对太阳运行的认识、同部族测日的活动有关。《淮南子》言"日入崦嵫";屈原《离骚》中说"吾令羲和弭节兮,望崦嵫而勿迫"。王逸注:"崦嵫,日所入山也。下有蒙水,水中有虞泉。"《山海经·西山经》言鸟鼠同穴山之西南三百六十里"曰崦嵫之山"。新编《辞源》说:"崦嵫,山名,在甘肃省天水县西,古代神话说是日入之处。"《尚书·尧典》"分命和仲宅西"。郑玄注:"西者,陇西之西,今人谓之兑山。"《后汉书·郡国志》汉阳郡"西县"下引郑玄此注作"今谓之八充山",盖"八充"为"嶓冢"音之转。"兑"乃是"八充"二字之误。又《尧典》原文作"分命和仲宅西,曰昧谷",伪《孔传》:"昧,冥也。日入于谷而天下冥,故曰昧谷。"《十道志》言:"昧谷,在秦州西南,亦谓之兑山,亦曰崦嵫。"我们想,崦嵫并不在华夏最西部,据《山海经》《穆天子传》等文献,昆仑、敦煌一带以至更西之地,已在春秋以前人的知识范围之内,怎么反倒以在今甘肃南部天水、礼县一带之山为"日所入山"?因为这是秦文化的遗留。秦人长期居于西陲(后之西邑、西县)地,而以其以西之山为日落之山,传于口耳之间,书于史籍、文献,以后遂融入中原文化,成神话之一部分。所谓"昧谷""蒙谷",即礼县东部的峁谷、峁水(文献中或作茅谷,今作"冒水河","昧""蒙""茅""峁""冒"皆一音之转)。其水发源于朱圉山东南,秦人正是沿着这条水到了西汉水上游众水交汇之地的"西垂"的。

"垂"字从"𡹛"从"土",本义为下垂,用以指地名,才从"土"。如此,则似《说文》将本义与后来之义恰恰颠倒,"西垂"也指太阳落山之地,即上文引《淮南子》中"日入崦嵫,经细柳,入虞泉之浦,曰西垂"云云中"西垂"之义,"西垂""西"之地名本起于嬴秦。[①]

秦先民所居犬丘之地,有西犬丘,有东犬丘。秦人总的迁徙与发展方向是由西向东。东犬丘即陕西兴平县的槐里,西犬丘即在今甘肃天水西南、礼县东部一带。是先有西犬丘,后有东犬丘。

1923年王国维先生《秦公敦跋》(金文中簋都写作"毁",旧金石学家曾误释为"敦")中说:

> 盖"卤"者,汉陇西县名,即《史记·秦本纪》之西垂及西犬邱。秦自非子至文公陵庙皆在西垂。此敦之作虽在徙雍以后,然实以奉西垂陵庙,直至秦汉犹为西县官物(《观堂集林》卷十八)。

大堡子山遗址及墓群位于甘肃西和县以北、礼县东部的永兴乡、永坪乡境内,嘉陵江一级支流西汉水与其由北向南而来的支流永坪河在此交汇。遗址所在区域的基本地形为西南—东北向相互连接的两个山梁。西南山梁的顶部有清代用夯土

---

① 参拙文《论秦史研究与秦人西迁问题》,《天水师范学院学报》2013年第1期。并参祝中熹《秦史求知录》有关部分,上海古籍出版社,2012年。

筑成的堡子,大堡子山因此而得名;其东北面地势较为平缓,已平整为多级梯地;东北山梁的南坡地势由陡而渐趋平缓;其西南部靠近西汉水一侧几近平坦。在东西长约250米、南北宽约140米的墓葬区内,共有中字形、目字形大墓两座,瓦刀形车马坑两座。墓地的东北、北部和西部山弯有规律地分布着间距为5~7米的东西向中小型墓葬,总数在200座以上。这些墓葬中还出土了大量的青铜器和金、玉器,有的青铜器上明确铸有"秦公作铸用鼎""秦公作宝用簋"等铭文。

礼县大堡子山秦公墓出土的秦公鼎

1998年春,甘肃省文物考古部门又对圆顶山墓地(与大堡子山隔河相望)进行了抢救性发掘和清理。清理了五座贵族墓葬和一座车马坑,包括一座七鼎墓和两座五鼎墓。共出土青铜器80余件,另有玉器、石器、骨器、铁器、陶器、贝类等百余件。青铜礼器组合为鼎、簋、方壶、圆壶、盘、匜、尊等;兵器有戈、剑、镞等;陶器有大喇叭口罐、鬲、壶、仿铜陶鼎;石器为圭、凿等;玉器有圭、环、四棱饰件及玉片。从墓区所处位置及其与大堡子山秦陵的距离看,从以往和现今出土器物的品类看,这里应是秦国的早期国人墓地,具体年代要比大堡子山陵园晚得多。

从大堡子山秦宫室遗址、圆顶山秦贵族墓的墓葬地域和出土文物可以断定,秦人早期都邑西犬丘、西垂宫及西县的具体方位,就是在西和县以北、礼县以东的大堡子山附近的永兴、长道一带。大堡子山的陵墓,应是秦仲、秦庄公(当周厉王、周宣王时)等秦先公先王之墓,其中两个大墓应是秦襄公(当周幽王、周平王时)、秦文公(当周平王时)之墓[①]。《史记·秦本纪》中说秦人祖先"在西戎,保西垂","非子居犬丘",又说"庄公居其故西犬丘","文公卒,葬西山",则秦文公以前直至非子(当周孝王时)的秦先公、先王,俱葬于大堡子山一带。

(三)陇南、天水一带的秦文化遗存

公元前771年,因周幽王的昏庸,导致他身死国灭。次年,申侯以王朝名义向各诸侯发出勤王的诏命。《史记·秦本纪》载:

> 秦襄公将兵救周,战甚力,有功。周避犬戎难,东徙雒邑,襄公以兵送
> 周平王。平王封襄公为诸侯,赐之岐以西之地,曰:"戎无道,侵夺我岐丰
> 之地,秦能攻逐戎,既有其地。"

则秦襄公之时,岐以西之地当被犬戎所占。秦文公十六年(前750年),文公率兵打败戎,戎族败走,"于是文公遂收周余民有之,地至岐,岐以东献之周"。秦人东迁,周秦两族人的会合、杂居,周秦文化的融合,进一步促成了与现实生活联系的"牛郎织女"传说的形成。

《史记·封禅书》中说:"秦襄公既侯,居西垂,自以为主少昊之神,作西畤,祀白帝。"因西方主白,白帝即西方之帝,指秦人之祖。故刘邦取天下时造了斩白蛇的神话以惑众,意思是他的天命是灭秦。关于上文所说西畤之所在,《史记集解》引晋灼曰:

> 《汉注》在陇西西县人先祠山下。

---

① 参视中熹:《关于秦襄公墓》《大堡子山秦西陵墓主及其他》《礼县大堡子山秦陵墓主再探》等文章,见其《秦史求知录》,上海古籍出版社,2012年。

西汉水边上祁山堡

《索隐》《汉旧仪》说：

> 祭人先于陇西西县人先山，山上皆有土人，山下有畤。畤如菜畤，畤
> 中各有一封，故云畤。

以上文中"陇西"犹言陇山以西、陇右。"人先"即祖先。"土人"应指祠堂所塑祖先神像。礼县东北的祁山（1946年以前归西和），从其山名看，应为上古祭祀之山（三国时期已变为军事要地），因为凡"示"字旁的字都同祭祀有关，而右耳旁的字只是表示人聚居之地而已（义同邑）。则秦人的人先祠山，非祁山即大堡子山。"畤"指祭祀天地五帝的场所。《汉书·郊祀志上》："自古雍州积高，神明之隩，故立畤郊上帝，诸神祠皆聚云。"这是误以为西北之地高有畤，其实是秦人发祥于陇南，其后逐步往东北移，先后又作吴阳武畤、鄜畤、密畤、上畤、下畤等。这同甘肃、陕西有乞巧风俗的几个县的地域大体相合。

以上结合历史文献和考古资料的分析，使我们更加明确地认识到秦民族、秦文化的兴起与西和、礼县和西汉水的密切关系。西汉水上游的这方水土哺育了独特的秦文化，赋予了秦人质朴厚重、粗犷尚武的民族性格。西汉水也深深地印到了秦民族的群体记忆之中。

(四)《蒹葭》与牵牛织女的早期传说①

《诗经·秦风》中的《蒹葭》一诗,《诗序》为秦襄公(前777—前766年)时之作。产生于秦文公(前765—前746年)时的秦《石鼓诗》第二首中有"于水一方"的句子,与《蒹葭》中"在水一方"句型、句意一致,或者是袭用了《蒹葭》一诗的成句,则《蒹葭》应如《诗序》之说产生于《石鼓诗》之前。

秦襄公之时秦人尚居于西垂天水西南、礼县东部、西和县以北,《蒹葭》一诗为襄公时作品,则诗的自然环境与文化背景应就当时这一带求之。由甘谷朱圉山南流的冒水河(古㟃水,曾名茅水,"文化大革命"中曾改称作红河)同西汉水交汇处为峡谷地带,有几条河在那一段(当礼县东北)流入西汉水,其越向上游则水越小,可以泳渡,正与《蒹葭》一诗所写的地理环境相合。

西汉水上游的芦苇荡

①参拙文:《再论〈牛郎织女〉传说的孕育、形成与早期分化》,《中华文史论丛》2009年第4期;《〈秦风·蒹葭〉赏析》,《文史知识》2010年第8期。

《蒹葭》全诗如下：

蒹葭苍苍，白露为霜。所谓伊人，在水一方。

溯洄从之，道阻且长。溯游从之，宛在水中央。

蒹葭萋萋，白露未晞。所谓伊人，在水之湄。

溯洄从之，道阻且跻。溯游从之，宛在水中坻。

蒹葭采采，白露未已。所谓伊人，在水之涘。

溯洄从之，道阻且右。溯游从之，宛在水中沚。

本诗点出了所写时令是秋天。从诗中"溯洄从之""溯游从之"来看，抒情主人公应是男性，被追求的"伊人"是女性。诗人是希望走近他所向往的人，但总是可望而不可即，无法到伊人身边。"在水一方"，即说在水的对岸。"在水之湄""在水之涘"，也都是说在对岸的水草相接之处，对岸的水边。"一方"与"湄""涘"互文见义。"溯洄从之"，指沿着弯曲的水向上行。"洄"指回旋的水，引申为曲折、弯曲的水道，这由"道阻且长""道阻且跻"两句可以看出。"道阻且右"的"右"，也是迂回的意思。顺着直流的河道走，伊人好像总是在水的中央。看来诗中所写，抒情主人公应是在一条直流同一条弯曲的水流交汇之处，水边又长满芦获。诗不正面刻画或赞美"伊人"，而只从诗人对她有着深切的爱来表现这是一个很值得追求的人。魏晋时期文学家傅玄《拟四愁诗》云："牵牛织女期在秋，山高水深路无由。"正是对《蒹葭》一诗所写情景的确切解说。

这首诗的内容实同秦民族祭祀女修之神或曰织女星，歌舞以乐神的活动有关。由《史记·封禅书》看，秦人祭祀星辰之神多种，同楚人差不多。其所祀二十八宿中，就有牛宿、女宿，这是由牵牛星、织女星分化出来的。因为织女星一大二小星中织女一为零等星，为全天第五最亮星，在北方高纬度夜空则是最亮的一颗星，而且由于其纬度较高，一年中大多数的月份都能看见；牵牛三星之主星为一等之标准星，也是亮星，故织女星、牵牛星为人们所熟知，最初以之为确定岁星进程的标志。而二十八宿中的牛宿,即玄武七宿之第二星,有星六,而均亮度低;其东北为女宿,即二十八宿玄武七星之第三星,有星四,亦亮度低。这两个星宿最初都不可能被先民作为纪时的依据。只是后来随着二十八宿系统的调整,由于原来的牵牛星、织女星位置比较靠北,离赤道远,后来的天官才在临近赤道的星宿中,找到另两组星作为牛宿、女宿。为了区别,原先的牵牛就被改称为"河鼓"或曰"天鼓",或曰"三将军"。织女星名称则因社会基础更广,故未变,而称二十八宿中相应的星座为"须女"或"婺女(务女)"。但民间仍称靠近银河者为牵牛,故常相混。《南阳汉画像石》中也有牛宿、女宿图:右上角牵牛星画有三星,其下一人牵牛,为牵牛星;左下角在相连四星中一女子坐式,为织女星。则是仍以原牵牛星为牵牛星,而以二十八宿中四星组成的女宿为织女星。但孝堂山郭氏墓石祠石刻画上,织女却是三星。虽然负责观测天象的天官将牛宿、女宿同牵牛星、织女星做了区分,但由于民间根深蒂固的群体记忆互相干扰,使得很多文献难以严格区分。

民间老百姓对上层社会的生活无法想象,其设想神灵的喜好,往往是凭借了自己的情感经历,所以祭神歌舞中常设想其相互恋爱的情形,也常有表现人神相恋的情节。具体表现,或所祀之神一为天神,一为地祇,演唱时由巫觋以其中一方的语气表现对另一方的爱恋(如《楚辞·九歌·山鬼》);或由巫觋直接向被祀神灵表现爱慕之情,如《九歌》中的《湘君》《湘夫人》。湘君是湘水之神,属地祇;湘夫人为天帝之女,属天神。《湘君》一篇是祭祀湘君时所用,演唱时由女巫以湘夫人的口吻表示对湘君的追求;《湘夫人》一篇是祭祀湘夫人时所用,演唱时由男巫以湘君的口吻表现对湘夫人的爱慕之情。《蒹葭》诗实际上就反映了传说中牵牛寻求织女的情节。《蒹葭》至少是受了牵牛织女传说和祭祀歌舞的影响,并以之为题材而创作的。

《蒹葭》这首诗包含着中国民间流传的一个最古老的传说故事——牛郎织女传说,这是以往的学者都没有意识到的。

(五)《诗经》中《小雅·大东》《周南·汉广》与牵牛织女传说

周、秦都是发祥于西北的。随着奴隶社会的不断发展,周、秦民族势力不断壮大,部族间文化的交流、融合日益加深,"牵牛""织女"作为星名被越来越普遍地接受。西周末年谭(古国名,在今山东历城东南)大夫作的《大东》一诗将这两个星名写入诗中,已经将它们分别同牵牛驾车的人及织布的女子联系起来。《诗经·小雅·大东》中说:

> 维天有汉,鉴亦有光。
>
> 跂彼织女,终日七襄。
>
> 虽则七襄,不成报章。
>
> 睆彼牵牛,不以服箱。

这八句诗中有三点应该注意:

1. 用"终日七襄"来写织女。"襄"字从"衣",本指织布中卷起一段已织好的布帛,重新展出一段经线的过程,这个动作在织布中也是反复进行的。也就是说,"襄"是指织布中的一种行为,在这里用为量词。"不成报章"的"报"为反复之意。此言虽然几经布线,但没有织出连续的图案来。那么,诗中也是把织女星看作织布之女。

2. 诗中说牵牛星"不以服箱",实际上也是由"牵牛"的字面意思联想到了相关行为的人。

3. 在说"织女"和"牵牛"的当中,说到"汉"(天汉),可看出在当时的民间传说中,牵牛、织女两个人物同"天汉"有关。

这就是说,牛郎织女传说中主要人物的孕育,首先是由历史人物产生星座名,同时成为人间所信奉的神灵;其次,由星座名想到现实中相应的行为和相关的人。这是牛郎织女传说孕育、形成与发展演变的第一阶段。

《诗经·国风》的《周南·汉广》一诗,古今学者皆以为是《诗经》中意境深远、情感真挚、极具诗味而引人遐想的佳作之一。但关于它的解说尚存在不少问题,古今学者虽反复玩味,多作新解,却都未能完全摆脱旧经学的影响,故不能有惬于心。全诗如下:

> 南有乔木,不可休思。

汉有游女,不可求思。

汉之广矣,不可泳思。

江之永矣,不可方思。

翘翘错薪,言刈其楚。

之子于归,言秣其马。

汉之广矣,不可泳思。

江之永矣,不可方思。

翘翘错薪,言刈其蒌。

之子于归,言秣其驹。

汉之广矣,不可泳思。

江之永矣,不可方思。

这是汉水中下游流传的一首民歌。诗中表现了一个青年男子,看着汉水对岸的一个女子,却不能与她接近。作品带有神话色彩,似乎在诗的背后还隐藏着一个故事。从《汉广》这首诗中,似乎也可以看到"牵牛织女"传说的影子。清代牛运震《诗志》说:

乔木托兴,极为游女占品格。偏是游女不可求,更有身份、有意趣。若深闺闭处,则不可求不必言矣。……汉广不可泳,江永不可方,言游女有江汉之隔,亭亭独立,可望而不可即也。正与古诗"盈盈一水间,脉脉不得语"相似。

牛运震论诗,多有独到之处。乾隆年间,他曾主讲于兰州兰山书院,颇为甘肃学人所称道。他对此诗之解,也是超越前人。而联系《秦风·蒹葭》,从牵牛织女早期传说方面探索,似更近诗旨。

此诗收入《周南》之中。关于周南之地域,即今河南省西南部、湖北省北部之地,据诗中所写,应在这一带汉水流域。据说,南郑的汉水南岸至近代七夕节的乞巧活动要举行三天(农历七月初五至初七),这也应是牛郎织女传说最早产生于汉水上游、相关的民俗活动也流行于汉水流域的证据。

前人读此诗各立新说而意见不能一致,究其原因,于诗文本的理解未能明白者有五:

1. 诗开篇以"南有乔木,不可休思"起兴,实隐喻对方地位高,而自己不能及之。关于这一句的意思,郑玄《笺》云:"不可者,本有可道也。木以高其枝叶之故,故人不得就而止息也。"所释大体合于诗意。

2. 第二、三章开头"翘翘错薪,言刈其楚""翘翘错薪,言刈其蒌",也是说,要在芸芸众女之中,只认定那最杰出的、自己最看重的。首章是说按其地位不能求之,第二、三章是说尽管如此,自己也唯她是求。

3. 诗中的"汉"同"江"都是指汉水(也称汉江)。上古"江"字在一般情况下专指长江,但又是一种通名。《尚书·禹贡》"九江孔殷",唐代孔颖达《疏》:"江以南,水无大小,俗人皆呼为江。"清代马瑞辰《毛诗传笺通释》说:"古者江、汉对言则异,散言则通。《吕氏春秋》言:'周昭王涉汉,梁败,王及祭公陨于汉中。'《左传》僖四年杜注亦云:'昭王涉汉而溺。'而《谷梁传》则曰:'我将问诸江。'《史记·周本纪》曰:'昭王卒于江上。'此汉亦名江也。""江"和"汉"都是指汉水,变换以避复,甚有关乎诗意的理解。

4. 诗中的"方"指绕过,即从上游水小之处绕到对岸,不是指用筏子渡。《周髀算经》"圆出于方",赵君卿注:"方,周匝也。"细玩诗意,应是说眼看着对岸,却无渡河工具,其意大体同于《秦风·蒹葭》的"溯洄从之,道阻且长。溯游从之,宛在水中央"。

5. 第二、三章中"之子于归,言秣其马""之子于归,言秣其驹",都是想象如何接近游女,抒情主人公将特别喂好马去迎接她。"之子"相当于说"那个姑娘",指一直所期盼者。"于归"出嫁,到夫家。诗中写看到汉水对岸的那个人,但不能接近,则下面说的"之子于归"并非眼见,而是设想可知。

以上五点涉及训诂与习俗两方面,是正确体会诗情的基础。①另外,还有一点,就是"汉"上古也是天河之名,天河可直称作"汉",因在高空,也称作"云汉""天汉";因发白光,也称作"银汉"。《汉广》一诗中的"汉",学者们都理解为地上的汉水,但由于中国古代神话常常以现实社会中有的山川地名为背景,"汉"的多义性同游女相对应,便很难说清究竟是人间,还是天上,全诗只给人以浪漫主义的企慕的感觉。

《诗经·国风》中的作品基本上是写现实的,这类带有神话色彩的作品,必有当时的传说为根据,反映着当时的一种民间文化。《周南·汉广》的时代,与《秦风·蒹葭》《小雅·大东》相近,是同一本事的反映,只不过《蒹葭》一诗产生于秦地,更近其传说的本来面目。《大东》是谭国大夫借二星名以刺周王朝,反映出织女星同织布的关系,牵牛同驾牛赶车的关系,却不是在说传说本身;《汉广》则是"牵牛织女"的传说传至江汉一带,情感上或稍有差异,基本上保持着原来传说的梗概(天帝的女儿或孙女"织女"同人间农民成婚,后被迫分离,居住在天河两岸,隔河相望而不能相会)。

(六)陇南、天水一带与七夕风俗相关的山水

西和是一块开化很早、历史悠久、文化底蕴深厚的土地。据考古发现,县境北端长道镇的宁家庄古文化遗址出土了新石器时代早期的彩陶、石斧、石刀、石铲等古人类器物。该文化遗址大多属于距今五六千年前的仰韶文化范畴。它与邻近的秦安大地湾、天水市赵村遗址大体相当,都属于我国近年来考古界所取得的突破性成果。宁家庄遗址是陇南市迄今为止所发现的最早的人类遗迹,也是甘肃省3处新石器早期文化遗存之一。这里出土的交叉绳纹陶片与秦安大地湾遗址发现的早期陶片特征完全一致。县北5公里处的西峪乡上、下坪村的西峪坪遗址,面积约十万平方米,属仰韶、齐家文化范畴。其中出土的彩陶盆,饰变体鱼纹,造型优美,为一级珍品。这些古文化遗址与礼县大堡子山等早期秦人文化一起构成西和、礼县

---

① 参拙文《〈周南·汉广〉探微》,《古典文学知识》2010年第3期。

两县的乞巧源头。

汉代以前,西和县北部和礼县东北部、天水(今天水市秦州区)西南属西县,是秦人的活动区域,县境南部为氐羌所居。县境北部先后为西犬丘、西陲、西县所辖,今礼县东北部、西和县北部一带属古西陲地,秦人的祖先大骆、非子曾在这里养马发迹,此地因之成为秦人的发祥地。后来,秦庄公、秦襄公和秦文公等几代君主均设都邑于此。秦文公三年(前763年),秦人才把都邑由西陲迁往汧渭之会(汧水和渭水交汇之处,今陕西宝鸡一带)的新邑,但西垂仍是秦人活动的重要地区。

战国时期,秦惠文王更元九年(前316年),秦灭蜀,拓地千里,从今西和一带入秦,首置武都邑(洛谷城)。秦始皇统一六国,行郡县制,天下始分三十六郡。西和地属陇西郡,郡治狄道(今临洮),领七县,除西县(今西和县北、礼县等地)外,时本境已置武都(今西和县南部洛峪镇一带)、上禄(治今西和县东南部六巷乡)两县。汉武帝元鼎六年(前111年),首置武都郡,治武都道,辖九县,辖区相当于今陇南市白龙江以北大部分地区,隶益州刺史部。本县南部属武都郡上禄县,北部属陇西郡西县地。西和是古雍、梁两州经济和文化的中转站。范文澜先生在《中国通史》中说:

> 中国特产之一的茶(《尔雅》称为槚),西汉时已被蜀人发现,……武都
> 地方,氐羌杂居,是一个对外的商市。巴蜀茶叶集中到成都,再运到武都
> 卖给西北游牧部落。成都和武都是中国最早的茶叶市场。[1]

漾水河

---

[1]范文澜:《中国通史》(第二册),人民出版社,1978年,第85页。

这里所说的"武都"是指今西和县南部洛峪镇一带。可见,在汉朝时期,四川成都的茶叶就已经通过武都运往西北边疆,西和因此成为中国较早的茶叶市场之一。

(七)与早期秦文化和乞巧风俗相关的山水

漾水河。西和境内的漾水为西汉水重要的源头之一,哺育了早期秦文化。西汉以前,西汉水、东汉水是一条水,西汉初年地震造成堰塞,汉水上游部分流至略阳折而向南,入嘉陵江,作为汉水重要支流的沔水成独立一水,后人称东汉水,始分为二水。故今西汉水上游即古汉水上游,秦人早期居于以礼县东部、西和县北部为中心的一片地方,故对漾水一带极为重视。西和县北部唐代置汉源县。清代几位县令都作《汉水源头》之诗,以咏横岭山九眼泉(漾水的重要源头)。漾水及各支流是县内乞巧活动中迎巧、送巧之处,九眼泉则是县城及其以南各乡姑娘卜巧取水的重要地方。

凤凰山。凤凰山在长道镇大柳河畔,大柳河、漾水河夹于东西两面,隔盐河与祁山遥遥相望。满山树木葱茏,山顶有百年梧桐。其地近秦先王先公陵园礼县大堡子山和秦人祭天祭祖之祁山。凤凰山上庙宇宏大,依山势从山腰至山顶,殿堂一座接一座。拾级而上,于高平处俯视,一片绿树海洋,绿波陡起。山上今存《补修圣母地师金像碑记》,言山上建筑"起自西汉"。此说虽未必可靠,但年代应已很久。山上有天孙殿,供织女星君。有"同结良缘""百世流芳"碑。凤凰与云华山连为一线。凤凰山上神庙宫殿共十院,1966年全部被破坏、拆毁,木料拉到大柳修了公社等。1980年以后开始重修。"天孙殿"三字为穆永吉先生所书。本书作者撰两联,一联为:

> 和仲宅西,留西和锦地;
>
> 女修任织,成织女星神。

此联为甘肃省书法家协会顾问、甘肃省联合国教科文组织总顾问、中国书画鉴定管理中心高级顾问于忠正先生所书。另一联为:

> 凤鸣陇右嬴秦起,
>
> 星照汉源禋祀长。

此联为甘肃省书法家协会副主席、甘肃省政协书画研究院顾问、兰州大学档案馆馆长秦理斌教授所书。

凤凰山

长道的凤凰山距礼县大堡子山秦公墓不到60里,有可能是一位秦人祖先的住地。山上宫观为山周围西和、礼县共四十八个庄所共有,从古以来有会首负责每年庙会和祭祀等事。凤凰山突出地反映了秦先民凤凰崇拜在西和礼县一带留下的烙印。在先秦时期的典籍中,凤亦称之为鸟、凤、凰、凰鸟和鸾鸟等,起源于我国古代先民的鸟图腾崇拜。

秦人以凤为图腾,故西和靠近礼县处有凤凰山,西和县汉源镇西的山也叫"凤山",乾隆年编《西和县志》中也称作"凤凰山"。山上有城,叫"凤城"。这两座山都以"凤凰"为名,同古代西和州、县治地的变迁有关,治地变了,后来人不知,写地方志者以新地山水之名而指以为旧地山水之名,因而衍生出两个凤凰山。

西和县长道镇凤凰山天孙殿匾额

凤凰山天孙殿织女星君塑像

云华山,位于西和县城东北15公里处,属丹霞地貌,山体挺拔俊秀,孤峰耸峙,悬崖高峻,耸入云端。云华山三面临空,仅一面与南部山体塔子山山脉的一线相连处,称"百步桥",或曰"天桥",宛如银河上的鹊桥。百步桥两边无所依傍,两侧松树葱郁遮荫,其下是悬崖绝壁,其险绝可与西岳华山相媲美。正如唐代李翔《百步桥》所说:

> 亘险凌虚百步桥,古应从此上干霄。
>
> 不辞宛转峰千仞,且喜分明路一条。
>
> 银汉攀缘知必到,月宫斟酌去非遥。
>
> 牵牛漫更劳乌鹊,岁岁填河绿顶焦。

云华山西南的牛家窑、牛家大地、野鹊湾,云华山西面的卧牛嘴,云华山东南面的青草湾都和牛郎织女的传说有关。云华山古庙随山势架设在峰巅之上,高耸云间。因为织女庙在峰顶之上孤耸,历史上几次被雷所击,神像也有毁损,当地老百姓以为又是王母娘娘令雷神接织女回天上,后来在庙里增塑了王母娘娘和玄武大帝的像。因为王母在织女星君跟前,她便放心,而二十八星宿及北方玄武七星中,就有牛星和女星,据说这是织女和牛郎被召回天上之后的司职之神位。但即使这样,还是发生过庙宇几次遭雷击而火烧了宫殿之事。今存在"文化大革命"后几次补修。本书作者撰山门联:

> 拔地三峰成太极,
>
> 切天一岭判阴阳。

正殿联曰:

> 地灵人杰汉源水,
>
> 天锦云华织女祠。

登上云华山顶峰,眼前胜景一一入画,宛似天宫仙阙,琼楼玉宇。每当七夕前后,附近姑娘、妇女到此敬神祈福,

云华山

而于新月初起之时看峰巅祠庙,真如在天上。每逢四时八节便有晨钟暮鼓从云华山山顶响起,声传百里之远,于是有"云华钟声响西(和)礼(县)"之赞。

云华山西南的牛家窑,传说是牛郎家住过的地方。从牛家窑向北翻过王山梁到牛家大地,再往北有一个村庄叫"牛家那哈"("那哈"为指称方位中常用词语,相当于"那边""那里"),庄里有一个土地庙,当地人都说那个土地神是牛家老汉。

当地传说云华山北面的桑树湾是织女发现了桑树和蚕的地方,云华山西面的卧牛嘴是埋了神牛的地方,牛家窑和云华山之间有个野鹊湾是野鹊(喜鹊)上天为牛郎织女搭桥前相聚之处,七月七以前那里的野鹊很多。云华山西面的大草滩、东南的青草湾是神牛吃过草、牛郎种过地的地方。

晚霞湖。位于县城以西5公里处的姜席乡境内的晚霞湖,过去叫晚家峡,水域面积1800多亩。2006年以来共五届"中国(西和)乞巧文化旅游节"都在此设立主会场。2009年7月,由著名工艺美术大师、兰州黄河母亲雕塑的设计者何鄂女士创作的织女雕像运抵西和,落座于晚霞湖的湖心岛上。雕塑通高13.7米,其中雕塑底座7.7米,蕴含着"七夕"之意。本书作者撰联:

> 晚霞近城郭,云阁如期窥织女;
>
> 明湖通汉源,仙槎至此问牵牛。

晋张华《博物志》中载:

> 旧说云:天河与海通,近世有人居海渚者,年年八月有浮槎,去来不失期。人有奇志,立飞阁于槎上,多赍粮,乘槎而去。十余日中,犹观星月日辰。自后芒芒忽忽,亦不觉昼夜。去十余日,奄至一处,有城郭状,屋舍甚严,遥望宫中多织妇。见一丈夫牵牛渚次饮之。牵牛人乃惊问曰:"何由至此?"此人具说来意,并问:"此是何处?"答曰:"君还至蜀郡,访严君平则知之。"竟不上岸,因还如期。
>
> 后至蜀问君平,曰:"某年月日有客星犯牵牛宿。"计年月,正是此人到天河时也。

晚霞湖与西和县城隔着凤山,与《博物志》所写乘槎人所见景象颇为一致。

　　仇池山。西和县境内还有著名的仇池山,《水经注·漾水》言其"绝壁峭峙,孤险云高,望之形若覆壶,其高二十余里,羊肠蟠道,三十六回,《开山图》谓之仇夷,所谓积石嵯峨,嵚岑隐阿者也。上有平田百顷,煮土成盐,因以百顷为号,山上有丰水泉,所谓清泉涌沸,润气上流者也"。史书又言其"天形四方,壁立千仞"(《仇池记》),从汉末至东晋,曾以此一带为中心建仇池国,前后两百多年。杜甫入川时路过,有诗咏此山。

三、周秦文化的交融与牛女传说 和乞巧风俗的形成

周人是以农业起家的,在史前各个部族中,也是农业发达最早的部族,在农业生产上面有不少创造。我国大部分地区从史前一直至近代都以农业经济为特征,所以周人在农业上的贡献对整个中华民族的发展影响甚大,而发明了牛耕是其贡献之一,这一点因"牛郎织女"传说的形成而永远保留在了我们民族的记忆之中。

(一)陇东——周人发祥地与早期农耕文化遗存

1. 周人早期活动地点

关于周人早期活动地点的问题,根据近几十年的考古发掘,李学勤先生主编的《中国古代文明与国家形成研究》一书中加以全面总结,做了概括说明:"目前已知的先周文化遗址分布,主要在陕西中部泾渭流域一带,大致范围:北界达甘肃庆阳地区,南界在秦岭山脉北侧,西界在六盘山和陇山东侧,东界在子午岭西侧至泾河沿岸一线。"书中说就遗址分布密度言,明显呈三大群,一群在泾河上游与甘肃接壤的陕西长武县一带,时间最早;一群在岐山、扶风、武功一带,时间次之;一群在长安丰镐一带,时代最晚。这正与周人早期居豳、公亶父迁岐、文王都丰及武王都镐的文献记载相合。特别值得注意的是书中还说:

> 在长武遗址群中,碾子坡先周文化遗址的发现,乃成为探索先周文化起源的突破口。自这一带逆泾河,再循支流马莲河而上100多公里,为甘肃庆阳地区,传说周先公不窋"奔戎狄间"即在此。[①]

这马莲河即《水经注·渭水注》中所说流经不窋城的马岭水。据该书第三编第一章

[①]李学勤:《中国古代文明与国家形成研究》,云南人民出版社,1997年,第483、484页。

《先周社会和先周国家》载："文献所谓公刘迁豳,不是一个点,当为一个地域范围的'面',所迁豳的最后定点,不是一代一次完成,其间当经几代周人在此'面'上的自北而南逐步迁徙与壮大。"甘肃庆阳地区属于古代文献中所说的豳地的范围之中,属于周人的发祥地和早期活动地区。

庆城县周祖陵周祖大殿

1984年,甘肃省、地、县文物部门和北京大学考古系在合水县蒿铺乡石桥村九站遗址区域内进行发掘,出土近千件陶器和一件铜器、一件铜饰,其绝对年代距今3480年。这与周先祖在庆阳地区生活的时代大体相合。

庆阳地区留存的关于周先祖不窋、鞠陶、公刘的文物遗迹和民间流传的关于他们的遗事尚有不少:

(1)不窋故城,在庆阳县城北关。《括地志》载:"不窋故城在庆州弘化县南三里。即周先祖不窋在戎狄所居之城也。"唐代的弘化县即今之庆阳县。

(2)不窋坟,在庆阳县城东山之顶,有残碑可证,民间称为"周老王墓"。明代李梦阳《秋怀》诗曰:"庆阳亦是先王地,城对东山不窋坟。"

此外,清代乾隆年间修的《甘肃通志》载,在庆阳县东10里地多花木,称为花坡,相传为"不窋遗园";庆城内有"鹅池洞",保存尚完好,传为不窋子鞠陶养鹅之所;庆城东70里有"天子沟",两侧深谷,中央平坦,树木葱茏,传为鞠陶牧羊造林处;庆城北30里有"腴田数亩,号天子掌,人莫敢垦",或称"公刘庄",传为鞠陶子公刘出生之所;庆城西南3里有地名曰"西姬峪",传为公刘族人之聚居地;西峰市温泉乡有"公刘村",宁县焦村乡亦有"公刘村",传为公刘后裔聚居之地,至今仍有姬姓民户;宁县城西庙嘴坪有"公刘邑",为省级文物保护单位,传为公刘南迁中,从庆阳到宁州的留居中心;今西峰市温泉乡有"公刘庙",民间亦俗称"老公殿",1949年初陕西旬邑、邠县一带乡民每年于农历三月十八日(传为公刘生日)还专程赶到此处,与当地居民一起举行纪念公刘的"献牲""禋祭""赛社"活动。

庆城县周祖陵碑亭

由此可见,甘肃庆阳的马莲河(古泥水,也叫马岭水)流域,应是周人发祥之地。①

2. 陇东农耕文化风俗

在陇东一带,民俗方面最突出的是反映农耕文化的习俗。康熙年修《静宁州志》、乾隆三十四年(1769年)修《庄浪县志》、民国二十三年(1934年)修《庆阳县志》、民国二十四年(1935年)重修《灵台县志》等都有"祭先农之神""鞭春牛""抢春牛""挞春"等风俗。直至几十年以前,宁县一带仍将"打春"看作是很重要的节日。立春的前一天,人们在城东郊用木板、木条钉成一个近二丈高、三丈多长的牛骨架,

①参拙文《陇东、陕西的牛文化、乞巧风俗与牛女传说》,《文化遗产》创刊号,2007年11月;《先周历史与牵牛传说》,《人文杂志》2009年第1期。

用芦席分片蒙起来,先用麻纸后用黄纸加以裱糊,再根据牛的毛色描画(或表层用白纸,再加装饰色),称作"春牛",由县官象征性鞭打之后,地方士人也依次鞭打以利开耕。立春的前一天鞭牛以示开耕之俗,古代全国很多地方都有文献记载,但以两丈高、三丈长的黄牛为中心的节庆方式,在全国实为罕见。

陇东一带立春前一日的这种仪式,实际是民间有关牛文化、牵牛传说同古礼的结合,反映了牛郎织女传说产生的深厚文化土壤和牛郎织女传说在民俗文化中的渗透和习俗化。

(二)从发明牛耕的叔均到牵牛星与田祖

《山海经·海内经》中载:"后稷始播百谷。稷之孙曰叔均,是始作牛耕。"《大荒西经》中又载:"有西周之国,姬姓,食谷。有人方耕,名曰叔均。帝俊生后稷,稷降以百谷。稷之弟(当为'子'之误)曰台玺,生叔均。叔均是始代其父及稷播百谷,始作耕。"《史记·周本纪》载:"封弃于邰,号曰后稷,别姓姬氏。"所谓"有西周之国",是据周人后来所建国言之。又《大荒北经》中述黄帝蚩尤之战中"黄帝乃令应龙攻之冀州之野。应龙蓄水。蚩尤请风伯雨师,纵大风雨。黄帝乃下天女曰魃,雨止,遂杀蚩尤"。其下说:

> 魃不得复上,所居不雨。叔均言之帝,后置之赤水之北。叔均乃为田祖。

由《山海经》中的这些记载来看,叔均不仅发明了牛耕,而且曾组织人民抗旱,度过大旱。这里将叔均设法消除旱灾变为向天帝请命及将此事同黄帝蚩尤之战牵合一处,则是长久流传中所形成。在传说要素上有共同之点的神话、传说,流传中往往产生牵合、归并、交叉的情形。

叔均之父名"台玺"。古人之名一般为单字,其父本名"玺","台"乃地名,表示其与台地有关。"台"即"邰"。《诗经·大雅·生民》"即有邰家室"句,《毛传》:"邰,姜嫄之国也。"《史记索隐·周本纪》即说:"邰,姜嫄之国也,后稷所生。"这是指周弃娶了母家姜氏族之女为妻室。周人直至公亶父之时,仍与姜氏族联姻,公亶父所娶太姜,为姜氏女甚明。周氏族当时并不居于邰,后人追述,以"有邰"代表周氏族。邰之地望,按徐旭生先生的考察研究,其地应在宝鸡一带。[1]因为在今武功一带发现的文化遗址大体在先周中晚期,当公亶父、季历及文王迁丰之际。叔均是公亶父之前的氏族首领,时周人应尚在豳地,生活于今庆阳市宁县、合水、庆城、正宁一带。因为叔均最重要的事迹是发明了牛耕,所以从周人的远古传说中,他的事迹就同牛联系在一起。牛作为运输工具时是人赶着牛,作为交通工具时是人骑着牛,而作为耕作工具则是一人牵着牛,另有一人在后面扶犁。牵牛而行于畎亩之中,是牛耕的象征,故周人以这位杰出的氏族首领为星名,名之为"牵牛"。现在我们看到的汉代画像、画像砖中的牵牛星的图像,也都是在星座之旁画一个男子牵着一头牛。

(三)《诗经·小雅》中两篇祭祀田祖的诗——《甫田》《大田》

由于叔均贡献大,周人奉以为田祖。《诗经》中有两篇祭祀田祖的诗,这就是《小雅》中的《甫田》和《大田》。由这两首诗可以知道,叔均在周代建国之后,仍然享祀的情况。《甫田》一诗共四章,四十句,第一章旨在劝农。开头说:"倬(zhuō,广阔貌)彼甫(大)田,岁取十千(言收获之多)。我(负责祭祀之官自称)取其陈,食(sì,供食物给人)我农夫。"言广阔的土地收获很多,年年有贮备,而把先前所存拿出来供农夫吃。接着写到南山看到的热烈耕种场面。第二章写准备了用来祭祀的羊,"琴瑟击鼓,以御田祖,以祈甘雨",再求丰收。第三章写王侯公卿当开耕之日至田间省视,率犒劳的妇女儿童至南亩(古时地广,多耕种山南向阳之地),亲自尝送至田间的饭食,和农夫们勤快劳动的景象。第四章写设想夏秋之际的丰收景象。可见全诗以祭祀为中心,而祭祀又以田祖为落脚点。《毛传》说:"田祖,先啬也。"郑玄笺:"设乐以迎祭先啬,谓郊后始耕也。"《甫田》实际上是春耕前迎祭田祖的仪式。

方玉润《诗经原始》说:

> 此王者祈年,因而省(视察)耕也。祭方社,祀田祖,皆所以祈甘雨,非报成也。观其"或耘或耔,曾孙来省",以至尝其馌食,非春夏耕耨时乎?

---

[1]徐旭生:《中国古史的传说时代》,文物出版社,1985年,第41—42页。

至末章极言稼穑之盛，及后日成效，因"农夫克敏"一言推而言之耳。……

不然，方祈甘雨，何以便报成耶？

《山海经·大荒西经》中说，叔均驱旱魃而成田祖，此诗中言"以祈甘雨"云云，也与之一致。后稷之神，夏以前为柱，商以来为弃，则田祖之神，在商周之时也未必统一。叔均是周人的田祖，周朝建立之后，有可能成为由国家确定的周王朝及周封姬姓诸侯国，以及齐、秦等由周天子所封他姓诸侯共祭的田祖，但夏商之时及周时非周天子所封诸侯，如楚、越及夏后杞、商后宋，所祀田祖就不一定是叔均了。《周礼·春官·籥章》郑玄注："田祖，始耕者，谓神农。"也应是言"此处指神农"（不一定是指神农氏的"神农"）。而后人遂以为田祖即神农，不计其他。周人所祭"神农"即田祖，也即叔均。

《大田》与《甫田》的题材、内容相近，既然意思一样，为什么会有两首？ 因为《甫田》是用于始耕仪式的诗，《大田》是用于秋收之后祭祀的诗。

朱熹《诗集传》以为《甫田》《大田》二诗中皆"公卿有田禄者力于农事，以奉方、社、田祖之祭"（《诗集传·甫田》注），解"曾孙"为"主祭者"之称。周人以农业起家，故十分重视农业，并非只周天子有劝农、报赛之事，各诸侯国、卿大夫在其封地之内也应有相应的活动。在一定程度上，《甫田》《大田》不仅反映了朝廷一种礼仪活动，也是西周时期一种农业风俗的反映。这两首诗是天子与诸侯、卿大夫祭田祖（祈年与报赛）所共用。

《大田》一诗，共四章三十四句，也是在第二章说："既方（房，指谷粒初生嫩壳）既皁（zào，谷粒初生而未坚实），既坚既好，不稂不莠。去其螟螣（míng tè，皆害虫），及其蟊贼，无害我田稚。田祖有神，秉畀（付与）炎火。"第一、第三章主要写农业生产的场面和风调雨顺，第四章又写到以牛、羊和新收的黍稷祭祀的情形。

值得注意的是《甫田》《大田》两首诗，《序》《笺》都提到"思古"的意思。 其本义实际上是指对田祖业绩之怀念，与《大雅》中的《思齐》《既醉》两首诗所表现思想情绪大体相同。

《甫田》中说周人"琴瑟击鼓，以御田祖"，《大田》又说"击土鼓，吹豳籥"，可见祭田祖之时鼓乐大作,有歌有舞,十分热闹。

由以上考述看,周人对祭祀田祖叔均的活动很重视,也延续很久。但必须指出的是,这是在统治阶级主持下,根据史官、乐师的记载、传授而进行的,虽然也有农民的参与,但同民间关于牵牛的传说已完全不同。叔均的事迹在概括而命为星名之后,发生了分化,一在统治阶级祭礼的层面,一在民间口头文学和民俗的层面。在《诗经》的《甫田》《大田》中,叔均从保持着周人祖先和牛耕发明者身份的方面说,是保持了历史,而从成为尊神和不再变化的偶像方面说,已完全脱离了现实。在民间传说中,从他转变为一个普通的农民来说是被世俗化了,但从其从事于农业生产的方面说,更符合氏族社会杰出人物的实际。在民间,他永远贴近生活,反映着广大农民的情感愿望。"田祖"与"牵牛"(牛郎)不仅是历史同文学艺术的区别,也是统治阶级同广大人民群众在情感、思想和精神生活上的区分。

(四)《周易》中有关文字透露的相关信息

《周易》同周文化有很大的关系,其中也透露了一些与牵牛织女传说有关的信息。自古相传牵牛织女相会时间在农历七月七日。"七月七日"这也是构成"牛郎织女"传说的重要因素。确定在七月,这同七月间银河是从北向南横亘夜空有关。《夏小正》说:七月"汉案户","初昏,织女正东向"。因上古草木多,人口稀少,古人建房皆坐北向南,以向阳为上(以后人口渐多,聚落稠密,但上房、正屋及帝王、官府之殿堂仍以坐北向南为正,即此遗俗)。所谓"汉案户",是说天汉正对门户,也就是说,是由北向南的方向。而在此时,织女星座,两小星向东开张,牵牛星在天汉以东,两两相对。这是传说中形成牵牛、织女七月相会情节的基础。

至于确定在七月之七日,同商周时代即形成的"反复其道,七日来复"(《周易·复卦》)的意识有关。《震》:"跻于九陵,勿逐,七日得。""无咎,婚媾有言。"又《既济》说:"曳其轮,濡其尾,无咎。""妇丧,其茀,勿逐,七日得。""济"即渡河。"曳其轮,濡其尾",是说拉动车轮,渡过了河,只是濡湿了车尾,这无关紧要,所以说"无咎"。"妇丧其茀",王弼注:"茀,首饰也。"乃头上的大巾。这是传统的解释与传统的句读。

但茀还有一义,为"隐蔽"。言妇丧失了,隐蔽不见。不必追寻,七日可以得到。这"七日"指过七天,但也可以理解为初七。由此形成"七日"这个数字在古代的特殊含义。"七"既有反复来往、回来之义,于是古人确定初七为牛女相会之日。所以,"七日来复,天行也"也不能说同牵牛织女的传说无关。

《象传》说的"复,见天地之心",似也同牵牛织女经天上的主宰者同意后,每年相会一次的情节有关。所以说,从《周易·既济》也可以看出一些当时牵牛织女传说的蛛丝马迹。

又《离卦》说:"畜牝牛,吉。"《离卦》之"离",《周易正义》解作"丽",唐李鼎祚引东汉荀爽说:"阴离于阳,相附丽也。亦为别离,以阴隔阳也。"古以男为阳,女为阴。织女应随牵牛,而今男女分离,与卦辞合。女既离男而去,则男(牵牛)以畜牛为吉。宋代李衡《周易义海撮要·复卦》说:

> 复卦初爻体震。震,阳卦,有阳息之象焉。故称"七日来复",喜之也。兑在西方,胜于西。……震在东方,日生于东,震象得七,故曰七日,喜之也。"无疾"者,动以顺时也。

而据《兑卦》,兑为泽,为少女,震为长子,为萑苇,"其于稼也,为反生"。从《周易》这些卦辞的含义中,似乎也透露出一点牛郎织女传说的消息。

《周易》卦爻辞中写到一些历史传说,有的点出了具体人名,有的概括其意,述及有关事而不及其人。从《诗经·大东》看,西周之时已有"牵牛""织女"二星名,人们也将它们同天汉联系起来论说。因此,以上所论《周易》的卦爻辞如果说不是牵牛织女传说的反映,至少反映了故事形成中已有的情节模式。

又《周易·遁卦》说:

> 初六,遁尾。厉,勿用,有攸往。六二,执之用黄牛之革,莫之胜说。

朱熹《周易本义》云:"遁而在后,尾之象,危之道也。占者不可以少有所往,晦处静候,可免灾耳。"这如理解为织女被迫胁而遁,已隔天汉,牵牛尾(动词,尾追)之,而不能越河而有所往,也可以通。古人行事求占卜,此类卦爻辞,人皆能熟知。但究竟它们无形中反映出了当时流传的牵牛织女故事的情节,还是成了牵牛织女故事发展的预设程式,则难以肯定。同样,"执之用黄牛之革",同牛郎追织女上天时用黄牛皮的情节,也应有一定的关系。

由以上的论述可以知道,"牛郎织女"传说孕育于中国文化的土壤,无论它的人物、情节,还是传说要素,都同中国文化息息相关,深深地打上了中国文化的烙印。

(五)秦代有关牛女故事的传说与影响

牛女传说是周秦文化交融的产物,也在先秦文化中留下了诸多踪迹。汉魏间撰《三辅黄图》一书卷一中说,秦始皇"筑咸阳宫,因北陵(北面之山陵)营殿,端门四达以则(取法,仿效)帝宫,象帝居(模仿天帝的居所),渭水贯都以象天汉(模仿天河);横桥(架上桥)南渡以法牵牛(取法牵牛渡天河会织女故事)"。据此,秦始皇建都咸阳之时,牛郎织女传说已广泛流传,为人所熟知,所以引渭水入咸阳又架长桥于其上,象征牵牛织女相会,以体现其宫殿同天帝之居一样。也由此可以看出,织女的身份同天帝有关。那么,牛郎织女传说的形成应在秦代之前。但多年来学者们对这条文献的可靠性仍有所怀疑,所以在牛郎织女传说的形成时代和七夕风俗的产生时间上,都估计较迟。

牛郎织女铜镜

1975年在湖北云梦睡虎地秦墓中,出土了战国末至秦始皇三十年间的竹简,其中有《日书》两种。《日书》甲种中有两简明确提到牵牛娶织女的事。其第一五五简上文字为:

> 戊申、己酉,牵牛以娶织女,不果,三弃。

第三简简背上文字为:

> 戊申、己酉,牵牛以娶织女,而不果。不出三岁,弃若亡。[1]

两简联系起来看,是说戊申、己酉这两天是牵牛娶织女的日子,但他们的婚姻未得有好结果(言后来分离两处,联系《诗经·大东》一诗看,是言分隔在天汉两岸)。第一五五简上的"三弃",实际上是"不出三岁,弃若亡"的提示性简省,意思是说,他们结合后没有三年,织女就离去,如同没有这个妻子一样。"亡"的意思同于"无"。

我们从《诗经》中大量反映男女婚姻的作品看,古代从西周以来,只有男子抛弃女子的情形,女子弃男子的情形基本没有。如有,则必不是家长的原因。《三辅黄图》中所载,秦始皇时已将织女、牵牛的故事同天帝联系起来,而且牵牛、织女又是隔离在天汉即天河两岸,而不是在人间。他们的婚姻受到破坏,应同天帝或天上其他很有权威的神灵有关。那么,在秦代之时,牵牛织女的传说已同今日所流传大体一致。

杨柳青年画　天河配

---

[1]参拙文《由秦简〈日书〉看牛女传说在先秦时代的面貌》,《清华大学学报》2012年第4期。

还有简文中说的"不出三岁，弃若亡"，当时流传的牵牛织女的传说中牵牛、织女在一起生活两年多。这同直至近代民间流传的牛郎织女在一起生有一儿一女，织女被带上天后，牛郎担着一儿一女追上去的情节相吻合（见清代杨柳青画）。

特别要指出的是咸阳在西北，正当天水与西安之间。而最早记载了牵牛、织女传说的竹简是秦简。由此可以看出牛郎织女传说同秦文化的关系。

（六）《西京杂记》反映的西汉长安宫廷中乞巧节

从历史文献可知，乞巧风俗在西汉初年已流行于后宫嫔妃之中。《西京杂记》卷一载：

> 汉彩女常以七月七日穿七孔针于开襟楼，俱以习之。

《西京杂记》一书后人多以为是葛洪撰，其实所载很多事与近几十年出土的汉代文献、出土的汉代文物相合。葛洪所撰《跋》称，其据刘歆所著《汉书》中班固未用之材料以补班固《汉书》之阙，其说应可信。由上引文字看，西汉宫廷中已有七月七穿针乞巧的习俗，但宫廷中习俗总是来自民间，最多是根据宫中制度有所改变而已。可见在西北地区长安一带，西汉时已有七夕乞巧的风俗。同书卷三又载汉宫中的节俗：

> 至七月七日，临百子池，作于阗乐，乐毕，以五色缕相羁，谓之相连爱。

看来七夕这天不仅有穿针乞巧的习俗，还有歌舞活动，这同至今存于西和、礼县一带的乞巧风俗一致。还有系五色缕的习俗，在西北很多地方演变为五月五日系于腕，而七月七日用以搭桥送巧，或七月一日用于搭桥迎巧。总之二者的联系虽经过二千多年，但尚未完全中断。

这里还要提到汉武帝时代昆明池边上的牵牛、织女石像。《三辅黄图》卷四：

> 《关辅古语》曰："昆明池中有二石人，立牵牛、织女于池之东西，以像天河。"张衡《西京赋》曰："昆明灵沼，黑水玄趾，牵牛立其右，织女居其左。"今有石父、石婆神祠在废池，疑此是也。

《关辅古语》为东汉时著作，或者在张衡《西京赋》之前。只是《三辅黄图》引述

《西京赋》文字,将"左""右"二字颠倒了,据《昭明文选》,应是"牵牛立其左,织女居其右"。因古人言左右是依据面朝南而言,天上的牵牛星是在天汉之东,织女星是在天汉之西。晋代潘安仁的《西征赋》中写到在昆明池所见此二石像,说:"仪景星于天汉,列牛女以双峙。"唐虞世南有《赋昆明池一物得织女石诗》,其中说:"隔河图列宿,清汉双昭回。"晚唐童翰卿《昆明池织女石》一首云:

> 苔作轻衣色,波为促杼声。
>
> 岸云连鬓湿,沙月对眉生。
>
> 有脸莲同笑,无心鸟不惊。

宋代宋敏求纂《长安志》卷十二对石父庙、石婆庙也有具体记载。可喜的是这两尊石像至今仍在,西北大学历史系教授陈直先生的《三辅黄图校证》中有详细记载:

> 现距西安城约十公里斗门镇东南,有一所小庙,俗称石爷庙。庙之东一点五公里在北常家庄附近田间有另一所小庙,俗称石婆庙。两庙中各有石像一个,皆属汉代昆明湖遗址。石爷即牵牛像,高约二百三十厘米,石婆即织女像,高约二百九十厘米。

"文化大革命"中两庙均被毁坏,但石像仍在,近30多年中有些学者做了几次考察。考古学家俞伟超先生认为,此前民俗将两石像的身份恰恰弄反。在常家庄的身高290厘米的是牵牛,为立像;斗门镇东南高约230厘米的是织女像,是跪像(古人所谓坐或曰居)。这样,便与《西京赋》中所写"牵牛立其左,织女居其右"在方位上、姿态上都相合。

西汉时代昆明池两边的牵牛织女像同样是表现了牵牛、织女隔在天汉两岸的故事情节。这个设计很有可能是受了秦人在咸阳建都时,在渭水上架桥以象征牵牛、织女相会的情节之影响,但气魄更大。

留至今日的2100多年前的牵牛、织女的像仍在,且亦在西北之地的西安,而且也还可以看出当初设计受秦文化影响的迹象。将这些同西汉宫廷中的乞巧风俗联系起来看,乞巧风俗与牛郎织女传说源起于西北,都同秦文化有关,便十分清楚。

西汉元狩三年(前120年)织女石雕(今存西安市斗门街道)见《中国美术全集·秦汉雕塑》　　西汉元狩三年(前120年)牵牛石雕(今存西安市斗门街道)见《中国美术全集·秦汉雕塑》

(七)牵牛织女传说的早期分化

在"牛郎织女"传说的流传过程中,不可能没有变异和分化。秦时代的"萧史与弄玉"和"宝夫人会叶君"故事,就是牛郎织女传说分化的结果。

1."萧史与弄玉"的故事

刘向《列仙传》卷上载有关于秦国凤女祠的故事:

萧史者,秦穆公时人也,善吹箫。能致孔雀、白鹤于庭。穆公有女字弄玉,好之。公遂以为妻焉。日教弄玉作凤鸣。居数年,吹似凤声,凤凰来止其屋,公为作凤台,夫妇止其上,不下数年。一旦皆随凤凰飞去。故秦人为作凤女祠于雍,宫中时有箫声而已。

萧史妙吹,凤雀舞庭。嬴氏好合,乃飞凤声。遂攀凤翼,参差高冥。女祠寄想,遗音载清。

此应为刘向据西汉以前传说所撰,后面的八句是晋人所作的赞。秦穆公时,秦已迁于雍。这个故事的最大特征是:女为秦国君之女,而男为替贵族服务的下层人物乐师。所谓"萧史",并非其姓名,是因掌吹箫之事,"萧"实因"箫"而来,"史"指执掌音乐、绘画之事的人(也指小佐史)。这也是破除了门第观念的婚配。这个故事被写入《列仙传》,已根据神仙家的思想做过改造。推想原来的情节,未必如此单纯。

至于此故事中说的"作凤鸣""似凤声""凤凰来止其屋""随凤凰飞去"等情节,也是反映了秦人在远古之时即以凤鸟为图腾的事实。《史记·秦本纪》载,女修所生之子大业(即在尧时任大理之职的皋陶)娶少典之子女华,生大费(即柏翳、伯益)。大费"佐舜调驯鸟兽,鸟兽多驯服"。大费之子大廉,即"鸟俗氏",其玄孙孟戏、中衍,"鸟身人言"。中衍之玄孙曰中谲,"在西戎,保西垂,生飞廉",时当商代末年,传说中仍为鸟。《离骚》"后飞廉使奔属"下洪兴祖引东汉应劭说:"飞廉,神禽,能致风气。"引晋灼说:"头如雀。"秦人以鸟为图腾,应同"玄鸟陨卵,女修吞之,生大业"的传说有关。《左传·昭公十七年》载剡子云:"我高祖少昊挚之立也,凤鸟适至,故纪于鸟,为鸟师而鸟名。"春秋时剡国在今山东(当剡城县西南二十里)。

四川郫县新盛乡汉墓出土石棺盖顶牵牛织女画像　见《巴蜀汉代画像集》(文物出版社,1998年)

秦人本东方鸟夷,因造父封于赵而迁于西。但近年公布的清华简中,记载周平王之时将嬴姓的一支迁于朱圉,即今甘肃省甘谷县南部与礼县相接壤的朱圉山。朱圉这里实际上只是一个地理标志,具体应在山之阳或山南之平缓地带。这正是礼县今固城、红河一带。冒水河在其东侧南流入西汉水。但造父为周穆王时人,所以这个结论与《史记》中所载商代时中谲已"保西垂"的事实相抵触。甘肃史学家祝中熹先生认为,秦人的西迁当在尧舜时代,是因和仲受命至西方极远之地测四季日长而迁于西陲,即今礼县东北、西汉水上游之地。《尚书·禹贡》中说:"分命和仲,宅西,曰昧谷,寅饯纳日,平秩西成。"这是说,命秦人之祖和仲居于西昧谷,谨慎地记载落日的时刻、不同季节的时长。昧谷即今冒水,西县之名也与此有关。如果不是秦人很早已有人迁于此,周平王之时为什么要把他们迁到最西面的这个地方?

秦穆公女弄玉的传说实际上是牵牛织女传说最早的分化,只是由于神仙家的改造,使它同牵牛织女传说失去了更多的共同点,但也保留了秦人的部分模糊记忆。

传说中秦穆公所作"凤女祠",实即秦人的女修祠,也即织女祠。[①]

2."宝夫人会叶君"的故事

《史记·秦本纪》载秦文公十九年(前747年)得陈宝,唐司马贞《史记索隐》引臣瓒(晋人)说:"陈仓县有宝夫人祠,岁与叶君神会,祭于此者也。"宝夫人有祠而叶君没有祠,似叶君为凡人(君为男子之称),这应该是由牛女传说分化、演变而成。故事的传说地在今陕西宝鸡,正当秦春秋初年东迁的第二个都邑之地。牵牛织女的传说流传到晋代,由于受到汉代时代门阀观念的影响而发生了分化是完全可能的。

但我们多少还可以找到一些同牵牛织女传说相关的证据。宝夫人为天神,而叶君为凡人或地祇,他们一年相会一次就是十分明显的共同点。又据《史记·秦本纪》载,秦文公二十七年(前739年)还扩建了牛神庙。《史记·秦本纪》载秦文公"二十七年,伐南山大梓,丰大特。"《集解》引徐广曰:"今武都故道有怒特祠,图大牛。""特",《说文》中的解释是"公牛"。那么,"大特""怒特"都是指大公牛,而其地在武都(西汉时期武都郡在今西和县洛峪镇,东汉时郡治下辨,即今成县以东,县治仍在洛峪)。则秦文公伐南山大梓,是为了扩建("丰")牛神庙。这个牛神,也应是周文化的遗存,同牵牛传说有关(今宝鸡一带先为周所有,秦文公移秦人于此,"收周馀民有之")。则这个神牛同牵牛织女传说中的牛有关,也就显而易见。那么,宝夫人和叶君的故事是牵牛织女传说的分化,也就很容易明白了。

---

①参拙文:《再论〈牛郎织女〉传说的孕育、形成与早期分化》,《中华文史论丛》2009年第4期。

值得注意的是,这两个古代传说故事都是春秋时代秦国秦穆公(前659—前621年)时和更早的秦文公(前765—前716年)时的,是春秋时在位时间较长的两位国君。《史记·秦本纪》载"文公元年,居西垂宫。"四年至"汧渭之会",卜居之。秦邑陈仓,在今陕西省宝鸡市东南20里。上一故事中所说"秦人作凤女祠于雍"的"雍",在今陕西省凤翔县西南七里的古城,是汧水(今名千水)和渭水交汇之地,也即秦文公卜居建都之地。陈仓与雍相近,正是本为周人之地而后归秦所有,秦收其余民而有之的地方。

由上面的考述可以看出,牵牛织女的传说一方面主流部分在民间流传,另一方面由于种种原因,也产生了分化和演变。

在魏晋以后1000多年中,"牛郎织女"的传说由于其反封建礼教和揭示了道教尊神王母或玉帝的不近人情,而一直受到挤压、覆盖和冷淡,文人笔下很少有具体的论述。我们反而在这些很早由牛郎织女传说分化出来的故事中,看到了它的一些早期传播的情形。

(八)一年一次的乌鹊架桥

鹊桥是我国人民追求幸福的伟大精神和我国人民丰富想象力的表现。为什么是乌鹊架桥,而不是别的鸟呢?

第一,在古人意识中飞鸟最为自由,它可以上干云霄。

第二,秦先民以鸟为图腾。

第三,乌鹊是群飞的。因架桥要无数的飞鸟来共同完成,而且,在很早的传说中,喜鹊就是架桥的能手。唐代段成式的《酉阳杂俎·羽篇》中有一段简短的观察记录:"鹊巢中必有梁,崔园相公妻在家时与姊妹戏于后园,见二鹊构巢,共衔一木如笔管,长尺余,安巢中。"

第四,在北方,七月初乌鹊皆不见,这应与它们的生活与生育规律有关,但正好与农历七月上旬牵牛星同织女星最为靠近这一事实相合,给牵牛织女鹊桥相会真实性的实现留下了空间。

《鹊桥相会》西和县卢海燕剪纸

第五，七月中旬之后见乌鹊顶上皆脱去毛。《尔雅翼》卷一三说："涉秋七日，鹊首无故皆髡。"已印证了这个事实，当然，这是因为北方七月正热之故，在北方，三伏之后，还有二十四个秋老虎，即二十四天很热的日子。

人们根据这些实际存在的现象，将乌鹊安排进牛郎织女故事的情节中，不仅使这个充满了浪漫情调的故事大大增加了真实感和亲切感，也保留了部分的群体记忆，反映了这个神话传说最早形成的大体地域。

牛郎织女传说是秦早期文化的遗存。由它孕育、形成的过程可看到中国文明的进程。我们由它的流传、分化、演变的情况可看出中国古代社会意识形态的发展变化。

（九）陇南、陇东的"说春"风俗和"牛拜年"风俗

1. 陇南、陇东的"说春"风俗

陇南的西和县坦途关，礼县雷坝、王坝，成县鸡峰山下，是历史上出春官的地方。西和县石峡乡坦途关村和礼县龙林乡龙林桥村全村男子没有不会说春的。这两个地方的人们每年冬至前后外出，到全县及邻县的城乡各处"说春"，送"春官帖"，到立春前后回乡。这"春官帖"是自己刻印的图文并茂的"二十四节气"，上部绘着一个人骑着一头牛，此即"田祖"。说春者一般是两人同行，陇南、天水、陇东一带把漫游各地的"说春者"称为"春官"。

坦途关的春官有严格的规程。村内有春官头,当地人叫"官相",是推举村内唱得好、走得广、见识多、德高望重的人担任。春官头的责任是:

(1)负责推算当年每月头一天的甲子和当年的二十四节气具体时日,编制成表,并雕刻印制"春官帖"(木雕板印,一页)。

(2)过去每年说春前,春官头都要去拜地方官,以取得颁发当年节气表的资格,而且还要参加"打春"仪式。

(3)冬至以前召集村内各家掌事的,摆设香案,贡上春牛。春牛上骑一人,是田祖。这应该就是牵牛星君。①行过祭礼后,分配路线,并选定各路的领头春官(又叫"代相"),以具体协调各路人员要走的说春路线和地盘,做到不重复,也不留空白地。

(4)说春结束后,处理违反约定的人和事。

坦途关人的《春官歌》中唱:

> 造起皇历十三本,传于天下十三省。
>
> 州传府,府传县,县官传于春官人。
>
> 春官上前领牒文,领上牒文往前行。
>
> 上山不问山头路,过河不问摆渡人。

春官外出说春时,一般是两人同行,或单独行走。手持一根三尺多长的打狗棒;胸前挂着"春牛";肩上搭一个褡裢(两头封口、中间开衩的口袋,用来装"春官帖"、外出日用之物及主人的谢礼、食物等)。春官每到一家,一般开头先唱一段《开财门》《新春喜》《二十四节气》等祝贺庄稼丰收、六畜兴旺、生意兴隆、发家致富及老少平安的内容。接着就按照主人家的职业情况演唱各种春歌,如《铺子春》《木匠春》《铁匠春》《生意春》《店子春》《裁缝春》《药王春》《染坊春》《漆工春》等反映各行各业的

---

① 《山海经·海内经》《大荒西经》中记载,周人的远祖叔均发明了牛耕,后来被称作"牵牛",命为星名。《大荒西经》中又说:"叔均乃为田祖。"

春官歌。另外,还唱一些劝世及教育的春歌,如《二十四孝》《劝世春》《女儿春》《懒人歌》等。临走时,主人家便给春官赏钱或面粉、馍馍之类,春官则给主人家放一张"春官帖",以便主人按季节安排农活。其他春官来,看见主人家墙上贴的"春官帖",就不再进入说唱。

春官所唱的春官歌除了传统春词外,有时也取材历史故事,大部分为第一句起兴,以下为叙事或评说,语言朴素,开头常由眼前某一事、一物引起,然后根据主家家庭情况唱下去。春官歌以陇南山歌曲调、说唱调、"哎"曲自由调进行演唱。如是同行的两人,一个唱完后另一个人接上唱,在接唱的时候有一个长长的拖音,两人配合起来十分好听。正因如此,春官每到一村,村中的儿童便成群结队地跟随其后,站在门外听其演唱。春官平时就要有相当的积累和锻炼,表演时更要随机应变,出口成章。既要合辙押韵,又要切合场景。春官歌多为七言,至少四句。其语言特色是词句通俗易懂,乡土气息浓郁。

陇东的庆阳、平凉地区也有。平凉地区的春官风俗与陇南不同的是,说春也往往和社火表演活动结合起来,成为社火的"门面"。春官要在社火表演时说唱春官诗。平凉的春官说诗风俗已于2011年被列入《甘肃省第三批非物质文化遗产名录》。

在古代,春官牵两个春牛。西和县文化馆原馆长蒲立同志曾经收集到一对春官祭拜的木雕神像:两头牛,一个上面骑一男,另一个上面骑一女。男者应为牵牛星君,或曰"田祖",女者应为织女星君。近代,春官只牵一春牛,上骑当为牵牛星君,或称"田祖"。①春牛多用黄杨木雕刻,上面缠着五彩丝线。

春官说春的风俗是陇南、陇东一带农耕文化的遗存,与祭祀田祖活动和牵牛传说有密切的联系,反映着周秦文化中重农、劝农的传统。春官说春融合本地方言土语、音乐歌谣及乡风民俗,在漫长的岁月中逐渐形成了这一独特的民间艺术说唱形

---

①春牛上骑的人,有的人将其称为"三皇爷",这是因为各种各样说唱文学都从"三皇五帝"说起,显然是受其影响而形成的。"三皇"是指三个人,不是一个人,"三皇爷"说法显然错误。

式和行当,成为民间文艺的活化石。

2.西和、礼县一带正月间的"牛拜年"风俗

陇南、天水一带的社火中有船姑娘,由村中最漂亮的姑娘装扮,在船内,表演时两手提着船内的两根木杆,平时行走时两面都有装扮为船夫的人在船外侧提着。表演时有老船夫与船姑娘问话表演的情节,有时也说到牛郎织女渡河相会的事。

20世纪四五十年代以前,每年春节期间,各村镇十几岁的男孩子就开始了他们的"牛拜年"活动。他们在过年之前,年龄相近的四五个、七八个小男孩,就会开始商量,准备"牛拜年"的装置。他们用篾条编好一个简易的牛头,用红纸、绿纸等其他颜色的包装纸把牛头打扮一新,里面有一个插蜡的装置。晚上点起蜡烛之后,整个牛头明亮清晰。城里年龄小些的孩子图简便,找一个装过表纸(也叫黄表,敬神祭鬼时烧的)的竹篾筐(长方形),用黄纸或褐色纸糊在上面,画上牛眼睛、鼻子、嘴,再安上牛角和耳朵,底上绑一个土豆,用以插蜡,这样便算做成。然后他们开始在小伙伴中选一个能说会道的,负责"牛拜年"的一些事宜,包括到主人家怎么说喜话,如何调整他们之间的关系等。做完这些,他们就耐心等待春节的到来。

从农历正月初五开始,天刚黑下来,这些小男孩就开始行动了。他们中一个拿着牛头,其余的跟在后面,走家串户。若是有集市的地方,他们就到集市中的店铺中挨个拜年。每到一家,先由领头的男孩子说:"主人家,牛拜年来了! 祝你家四方有喜,八方有财! 牛娃拜年,没蜡了给钱!"或者说些恭喜发财的喜话:"掌柜子穿的登云鞋,金银财宝滚进来。掌柜子穿的马夹子,银圆票子压压子①。"到本村或邻村比较富裕的农户家进行"牛拜年"活动。每到主人家,他们就在桌前都跪下说:"阿姨,牛拜年来了!"然后都磕头。主人一看,为图吉利,又是本街、本村的孩子,也为高兴,便给了钱,由其中一人收了,嬉笑而去,再到另一家。有时主人家也会说:"那好啊! 把你的牛娃到我们家好好耍一下。"说完,主人家会找来香、蜡、纸,祭拜牛。拜完牛后,他们就开始耍牛。在主人家的院子里,把他们练习的动作演习一遍。临

①压压子:方言,很多。

走时,主人家则给他们适当的钱财或糕点之类的东西。如果表演得不错的话,主人家会多给他们钱物。在陇南一带女婿称丈母娘为"阿姨",正月里女婿也都要给丈人、丈母娘拜年。"牛拜年"的风俗应也同牛郎织女的传说有关。

正月十五之前,他们每天晚上到农户家进行"牛拜年"活动。随着农村社火的举行而开始,也随着社火的结束而结束。

春官风俗和"牛拜年"的风俗表现了在我国漫长的历史过程中农耕文化对这一带的影响,似乎也多少留有周秦文化交流的痕迹。

四、真正的女儿节

汉水同遍及全国的七夕节俗和中国酝酿时间最长、产生时代最早、影响最为广泛的牛郎织女的传说都有关系。汉水在西汉早期就因地震的原因在略阳附近中断，其上游向南合白水流入长江，而其主要支流沔水则合众水称"东汉水"或"汉水"流入长江，上游部分遂被称作"西汉水"。两千年来，人们渐渐忘了汉水与西汉水的关系，也逐渐模糊了汉水、七夕节、"牛郎织女"传说三者间的关系。但流传于西汉水、汉水流域的乞巧风俗依然承载着早期的历史事实。

西和县、礼县一带的乞巧风俗主要分布在西汉水上游和漾水河两岸，其中有西和县的何坝、十里、汉源、西峪、姜席、苏合、卢河、兴隆、稍峪、石堡、长道、马元12个乡（镇），礼县主要有永兴、盐官、宽川、祁山、马河、红河、城关、石桥8个乡镇。这几个镇的归属历史上也有过变化。如马元乡20世纪40年代以前曾归礼县，盐官镇、祁山乡20世纪40年代以前曾归西和县。古人曾将漾水河（西和河）看作汉水的正源，所以乞巧风俗主要分布在漾水河与西汉水上游。

据说，天上织女善织"云锦天衣"，能赐人以巧慧，所以西和、礼县一带称之为"巧娘娘"。每年从农历六月三十日晚（小月二十九日）至七月初七晚，这些地方举行七天八夜的乞巧节。20世纪60年代以前参加乞巧的以十二岁至十六岁的姑娘为主，也

中国乞巧文化之乡牌匾

会有稍大或稍小些的,但总之只有未出嫁的姑娘,再小些的只是跟上玩、唱,不收钱,不作为正式成员,而已经结婚的,只可以协助做些组织策划工作,不能参加跳和唱,所以这是真正的女儿节。

(一)西汉水、汉水流域的乞巧节俗分布

西和乞巧风俗流行在西和县中部、北部的大半个县,南至河口以北,东面至晒经乡。礼县则是东北部和东部的几个乡(其中祁山、盐官两个乡镇20世纪40年代以前属西和)。大体上只在漾水河与西汉水上游之地。西和县、礼县南部的西汉水流域无此风俗,因为这些地方不在秦人发祥地的范围内,南北朝以前属白马氏活动的范围。

20世纪五六十年代西和县乞巧活动(西野摄)

根据河流水系、传承渊源和乞巧活动中的特点,西和、礼县一带的乞巧风俗可分为西和汉源,云华,草川,横岭,何坝,长道、永兴,礼县城关,盐官祁山,石桥、江口九大谱系。不同谱系的乞巧规程、内容稍有不同。比较突出的区别是,西和长道与礼县永兴、盐官祁山、礼县城关、石桥江口谱系的巧娘娘像为坐像,而且迎送之时像赛神一样,人们抬着巧娘娘的神龛在大街上穿行,姑娘们在后面排成长队随行,道路两面挤满了观看的人。另外,这些地方有"转饭"仪式,西和县各处除长道外都

是站像,祭巧、唱巧等活动都是在临时设的坐巧之处。很多看热闹的人除姑娘们请巧、行情和取水之时成群外出,见其风采之外,看乞巧和听其唱乞巧歌都要到坐巧之处去。旧的乞巧习俗,祈神迎水之后才相互拜巧。但各地举行祈神迎水仪式的时间不同,所以拜巧的开始时间也不相同。如石堡一带在七月初六开始,汉源地区因为居住较集中,又没有"转饭"的仪式,故在七月初七白天行情。又如,有的地方正式乞巧从七月初一开始,送巧仪式也互有差异。另外,就是唱的各种曲调虽大体一致,但各地又唱出不同的韵律和风格。在这里不一一细述。

近代陕西省西部、南部有较普遍、隆重的乞巧风俗,也留下来不少乞巧歌,特别是汉中市以南有的地方至今乞巧活动连续三天,这除陇南、天水的七天之外,恐怕再找不出第二处。

湖北省十堰市郧西县地处秦巴谷地,汉水自西向东流经南部省境,与其第三大支流天河在郧西腹地观音镇天河口汇合。湖北省郧西县的七夕民俗主要是"请七姐"活动。请七姐就是以待嫁女子为主体在农历正月初七和七月初七举行的请仙姑下凡、祭拜问事与表达祈愿的一种仪式活动。在郧西县上津、景阳、安家、夹河、观音、城关等地,至今还保留着在正月初七和七月初七请七姐的风俗习惯。

(二)乞巧活动的准备与组织

1. 个人准备的一些事情

(1)种凤仙花、染指甲

凤仙花夏季开花,至夏末则花瓣色艳汁浓,其红者可用来染指甲。在农历六月三十日请"巧娘娘"后的乞巧活动中,西和、礼县很多青少年女性以点染的指甲的好看相炫耀,染红指甲乞巧跳唱甩手显得分外光彩。

(2)生巧芽

乞巧节前,每个姑娘家中要选用不同品种的粮食培育嫩芽,以便"投芽卜巧"之用,所以这种嫩芽又叫"巧芽"。个人乞巧时也作为给巧娘娘的供品,相互拜巧时给对方也要呈上巧芽。

生巧芽多在六月二十日左右开始。所用粮食以小豌豆、扁豆最好,玉米、小麦次之。不论用哪一种粮食都要选粒大、饱满的,得半碗即可,因浸泡会膨胀。在温水中浸泡一昼夜之后再盛入小碗中。每天要用水淘洗数次。待到发芽时放在屋内阴暗处,或扣上小盆,避免见到阳光使芽发绿。芽长到5寸左右,不但根部每天要定时换水,还要在芽上喷水。巧芽以色白、苗高、生长整齐为最佳。培育得好的放在神桌上供人观赏,还可作为祈神迎水时的供品或拜巧时的礼物。

2. 乞巧活动的组织工作

为了能使乞巧活动顺利进行,每处乞巧点都要在乞巧前的一个月内积极紧张地做好选址、联络、筹资、练歌、备装、生巧芽、请巧、造巧等准备工作。

(1)选址

乞巧时,巧娘娘的纸扎像要安坐在某一户人家里,这户坐巧人家就成了本年度乞巧活动的场所。乞巧点固定不变,但坐巧人家年年变动。每年乞巧前每个乞巧点首先要商定坐巧地址。大体在农历六月间,开始考虑坐巧的地址。

一般选家中有姑娘参加乞巧、房屋宽敞、主人好客而不怕麻烦的人家。当然,坐巧也会增加这家人的人气。据说在家中坐巧能使多年不育的妇女怀胎生子。事实上有独生女的人家和女子多的人家只要条件允许,一般都会答应。万一遇到困难就要请人对有可能的某一家去做工作。

每个乞巧点上总会有一两个、两三个有组织能力和号召力的姑娘,组织大家处理一些大事情,大家通常称她们为"巧头儿"。"巧头儿"遇事主动负责、相互协商、彼此配合,形成名副其实乞巧节的领导核心。

(2)联络、筹资

乞巧点上的姑娘随时要沟通信息。到六月底,绝大多数姑娘很快报名参加。个别姑娘由于有具体困难,快到月底还不来参加活动,组织者会指派有亲戚、朋友关系的人,去做家长和本人的工作,甚至帮助解决其困难。

20世纪40年代以前,一些富裕人家对姑娘管束较严,一般到十二三岁后不再允许随便出门在人前走动,但在乞巧节前后的十来天中,对参加乞巧不加限制,而且会给姑娘缝新衣裳。家中贫穷的姑娘,不管家里人手再少,农活再忙,也会给予方便。

筹集资金是乞巧前的又一准备工作。这主要用来请巧和买香、蜡、表纸、干果、鲜果等贡品。20世纪40年代以前,城镇因经济条件较好,多筹集现金。由组织者商定一个大体的标准,到时大家自觉缴纳,根据家中经济情况可多可少。乡村因经济条件较差,多筹集实物。一般每人缴纳一碗粮食或几个鸡蛋。集中起的实物,组织者也会统一拿到集市上变卖,以其所得作为乞巧活动资金。

(3)编歌、练歌、备装

每个点上的乞巧歌歌词每年总要有些新编的,以体现乞巧点上姑娘们的水平。这些歌词一般反映新的时政事件或社会风气,表达姑娘们的愿望。歌词的内容新、编得好,也是同其他乞巧点竞赛的重要方面。歌词多是姑娘们自己编,一些热心的年轻媳妇也会参与其中。因此,乞巧歌词中有些反映出已婚妇女的悲苦,只是它是以姑娘们的口吻唱出的。20世纪50年代以来,城镇的乞巧点上也请青年学生帮着编乞巧歌。乞巧节前几天,必须对新歌词进行演练,一般利用晚上和雨天的时间。它也是姑娘们相互学习和了解社会,积极参与社会舆论的重要途径。

乞巧活动是展示姑娘自我形象的机会。每个家庭都要尽可能给予支持,首先是为姑娘准备好节日服装。一般家庭最少也要准备一套。一些贫穷家庭经济条件不允许,就在亲戚、邻里那里借一套新衣服给姑娘穿。

乞巧时姑娘们穿的服装,随着时代的变迁常有变化。20世纪30年代以前,姑娘们大多上穿绣边斜襟的花短袄,下着绣花的百褶长裙或花裤子。20世纪40年代初期,开始慢慢流行上身为单色斜襟的短褂,下着红色或绿色的宽裤,后期又出现了二蓝布旗袍。改革开放以来,姑娘们的节日服装可谓华丽时尚、异彩纷呈。

(4)请巧、造巧

乞巧活动所供奉的巧娘娘像是由人们根据古人对织女美丽形象的描绘,用篾条、秸秆扎制,五彩纸、布帛装饰而成。其头像是在人面模子上糊层层麻纸,晒干后,再糊白纸着色描绘五官而成。用黑纸剪成细发做成三翻波浪高髻,上插纸制金银花簪,两缕长发由左右耳背直搭胸前。身穿纸制彩色花边宽袖上衣,下配描花百褶裙。两臂向前弯曲,一手持拂尘,一手提手帕,脚踩莲花台。莲台有两种,一种为方斗形,四面绘有莲花;一种为扁圆鼓形,侧面粘有许多纸制的粉红色莲花瓣。巧娘娘头顶上方有一条固定在腰间的半椭圆形彩色飘带。巧娘娘身高3尺有余,其像显得俊俏、美丽而庄重。

城镇及其周围村庄都是在纸活铺(也叫纸马店)定做、购买。为表恭敬,人们将定做、购买过程称其为"请巧"。

在农历六月三十日(小月二十九日),姑娘们身着漂亮服装成群结队地到城镇纸活铺"请巧"。巧娘娘像请到后,先用新丝帕将头包裹起来,由一人用双手恭敬地、小心翼翼地举在胸前,在其他姑娘的簇拥、护卫下请到坐巧处,随即供奉在布置好的神桌上。最后由乞巧组织者出面点蜡、上香、焚表,祭祀跪拜。"请巧"活动至此完成。

较偏远的村庄因交通不便,多由富有经验的妇女和大龄姑娘自己制作巧娘娘像。头部常用鹅蛋壳,或用亚麻丝扎制成椭圆形,用纸糊后着色描绘五官而成。也有的只到纸活铺买一个巧娘娘头像,其身材由妇女、姑娘各显手段,自己扎制。其制作工艺的细致、精巧,有的胜过纸活铺。

巧娘娘像在西和县大部分乡镇为站姿,而长道镇和礼县几个乡镇多为坐姿。

巧娘娘坐姿像不用五色纸制作,而用绣花绸缎或上好布料裁成合体的衣服,再将篾条、秸秆扎制的身架予以打扮而成。其像两腿盘坐,绣鞋微露。另用彩纸、细竹制作一顶类似神龛的华丽纸轿,将巧娘娘像安坐其中。纸或轻纱制成的对开轿帘左右挂起,进房门一眼就可看见轿内巧娘娘像的全身。巧娘娘的形象则与站姿基本一样。

(三)迎巧

每年端午节,西北很多地方都有少男、少女和儿童在手腕上系手襻的风俗。把花线或红头绳搓成彩绳系在腕上,称作"绑手襻"。乞巧姑娘的手襻要系到六月三十或七月初七才解去,作为巧娘娘下凡或上天过天河搭桥时用。

有的地方在六月三十日下午迎巧仪式上,姑娘们将手襻解下来,绾成一根长绳。姑娘们来到村镇外的大河边,把头绳横拉在河面上,点蜡、上香、焚烧黄表,跪拜迎织女神下凡。乞巧点上的姑娘们排列成队、牵手摆臂,齐唱《搭桥歌》:

> 三刀黄表一对蜡,我用手襻把桥搭。
>
> 巧娘娘穿的绣花鞋(方音"孩"),天桥那边走着来。
>
> 一对鸭子一对鹅,我把巧娘娘接过河。
>
> 一根香,两根香,我把巧娘娘接进庄。
>
> ……
>
> 一根绳,两根绳,我把巧娘娘接进门。
>
> 一接接到桌儿上,又作揖来又上香。
>
> 献清茶来把头磕,巧娘娘教我针线活。
>
> 先教剪裁后教缝,再教绣花捉银针。
>
> 画花样儿配丝线,先绣一副枕头面。
>
> 大红牡丹绿叶叶,花蝴蝶儿上面歇。
>
> 一个要绣并蒂莲,两个蜻蜓上面旋。
>
> 最数菊花的样样儿多,样样颜色都能合。
>
> 裹肚子,绣花鞋,心上巧了样样儿来(什么都能来几下)。
>
> 样样儿给我教会了,这一辈子算对了(总算踏实了)。
>
> 巧娘娘,下云端,我把巧娘娘请下凡。[1]

唱罢,鸣放鞭炮,姑娘们再次磕头迎接织女神到来,然后一起整队回到坐巧处。于是当年的乞巧活动便开始了。

有的乞巧点手襻搭桥仪式是在七月初七晚的送巧仪式上举行,寓意搭桥送织女神上天。

迎巧时即使不举行手襻搭桥仪式的地方,也要举行迎巧活动。六月三十日晚

---

[1]本书所引用乞巧歌大部分来自赵子贤编,赵逵夫注:《西和乞巧歌》,上海远东出版社,2014年出版。个别的来自该书附录《四十年代以前西和乞巧歌补录》,还有少量来自本书作者所采录。此后不再一一注明。

九时左右,各乞巧点到常年形成的固定地点迎巧。城镇多在河边或十字街口,山庄多在村外大路口。手捧香盘的姑娘走在前面,其他人在虔诚、肃穆的气氛中缓步跟随。到达迎巧地点,照例祭祀跪拜,然后,大家排列成队、牵手摆臂,齐唱《迎巧歌》:

> 六月三十这一天,我把巧娘接下凡。
>
> 接过山,接过湾,接到凡间欢一欢。
>
> 对着天上把头磕,巧娘娘乘云过了河。
>
> 一对黄蜡三炷香,我把巧娘接进庄。
>
> 一根绳,两根绳,我把巧娘接进门。
>
> 一根线,两根线,我把巧娘接进院。
>
> 进了院,炮响哩,巧娘看见实好哩。
>
> 进了院,抬头看,先在院里转三转。
>
> 转上三转把香点,我给巧娘跪桌前。
>
> 八仙桌上贡仙桃,我给巧娘点黄表。
>
> 巧娘坐的莲花台,腾云驾雾降下来。
>
> 巧娘娘,下云端,我把巧娘娘请下凡。

然后,燃放鞭炮,跪拜后返回。姑娘们边走边唱带有颂巧娘娘(织女神)内容的歌,回到坐巧处。

有少数乡镇,到固定地点迎巧时还要抬上巧娘娘像,如长道镇一带。也有个别偏僻之地迎巧仪式在七月初一早上举行。

迎巧队伍返回坐巧处以后,乞巧组织者在神桌前祭祀跪拜。其他姑娘排列成队、牵手摆臂,齐唱《迎巧歌》:

> 七月初一天门开,我请巧娘娘下凡来。
>
> 仙女飘飘驾彩云,飞到人间度佳节。
>
> 歌儿铺平天地路,花儿搭起迎仙台。
>
> 鞭炮声声闹喜庆,甜瓜香果家家摆。

巧娘娘，想你哩，请快到我家中来。①

迎巧、拜巧(也称"行情")、取水、送巧，这四个活动是乞巧点上参与乞巧活动人最全的，平时则根据各人具体情况抽空到乞巧点上去上香、唱乞巧歌、接待其他点上来的人。

在县城，一条街或一个巷道、一片居民区会有一个乞巧点；农村中，大些的村镇会有两三个，小些的村庄设一处乞巧点。

(四)祭巧、唱巧

巧娘娘像被供奉在坐巧人家的神桌上。一般桌前挂有绸缎的花桌裙，桌上摆有香炉，供有糕点、水果和各种花样的油炸面食供品，也会摆放插满鲜花的花瓶。祭巧、唱巧活动是乞巧活动的主要内容。

1. 祭巧

姑娘们通过每天的祭巧活动表现对巧娘娘的崇敬之情，借以祈祷生活幸福。每天由专人负责在早晨、中午、晚间三个时辰，分别点蜡、炷香、焚表、跪拜，在场的其他姑娘也参加。这是集体祭巧。

祭巧

---

① 华杰：《采花谣——陇上采风录》，甘肃省群众艺术馆印，2003年，第155页。

此外,凡参加乞巧的姑娘一般有两次个人祭巧,一次在七月初一上午。姑娘们分别把准备好的祭品放入香盘中,到神桌前,照例祭祀、跪拜。如有心愿,跪拜时会默默祷告,暗自祈求巧娘娘满足心愿。有的地方姑娘们还有争抢头香的习俗,竞相起早。第二次个人祭巧在初六或初七上午进行,香盘中盛放着巧芽,有的还会盛放上糕点、水果、油炸面食之类的供品。20世纪40年代以前,有些贫穷家庭的姑娘,因购置祭品困难,会两三人相约,共同准备一个香盘,结伴祭巧。

2. 唱巧

在七天八夜的乞巧过程中,家里没有事的姑娘们会抽空到坐巧处,有时五六人一组,有时三两人一组,站成一排,根据所唱的歌,或相互牵着,或不牵,在巧娘娘像前又跳又唱,其他人则在旁边观看或助唱。往往是这一拨刚下来,那一拨又上去,多少也有相互比赛的因素在里面。姑娘们的临时组合也是互相契合、深化友谊的体现。屋内外看的人,也往往从这当中物色媳妇。因为乞巧的地方白天黑夜总有很多人看,晚上人更多。

唱巧的曲调分两句调、三句调和数板调。按其来源和流传时间的长短,大体可分为传统歌词和新编歌词两类;根据内容可分为祈神祭祀、家庭婚姻、生活劳动、历史时政几类。

这里特别要说明的是,唱的时候每一节(或两句或三句或四句)之后都要唱副歌,或曰"声词""巧娘娘,下云端,我把巧娘娘请下凡"。上面所录三首只在末尾出现,以见其例。为简省,以下论述中引及乞巧歌,皆省这两句。

还要说明的是七月七日"转饭"仪式和灯下卜巧时所唱,每节后带的是"七月里,七月七,天上牛郎会织女",而送巧时所唱带的是"巧娘娘,上云端,我把巧娘娘送上天"。

传统歌词代代相传,是姑娘们从小就耳熟能唱的歌词,大部分是在不同乞巧仪式中祈神、祭祀时演唱的,如《搭桥歌》《迎巧歌》《迎水歌》《送巧歌》等。这类歌词在不同村镇、不同乞巧点不完全相同,但也多有雷同的词句和雷同的内容、雷同的表达方式,这同长时间互相吸收、互相影响有关。传统歌词中还有一小部分虽然与乞

巧仪式无关,但内容多与老百姓的生活、劳动密切相关,如《十二个月种田》等。更多的是反映青少年妇女的劳动:

> 卢家的大姐会扎花,扎了个老鼠啃西瓜。
>
> 二姐扎了个红芍药,媒人夸她手艺高。
>
> 只有三姐不会扎,摇动纺车纺棉花。
>
> 一天纺了四五斤,老娘一听开了心。
>
> 拿过一看没好气,拴牛的麻绳比那细。
>
> 巧娘娘,下云端,我把巧娘娘请下凡。

或属历史故事、民间传说,如《牛郎织女》《月英放羊》《死板姐》《三国歌》等。《牛郎织女》:

> 正月里来是新年,牛郎织女有姻缘。
>
> 好姻缘来多磨难,隔河相望几千年。
>
> 二月里来雪消了,牛郎生在牛家窑。
>
> 可怜娘老子过世早,哥嫂让他把牛呹。
>
> 三月里来桃花红,狠心的嫂子坏良心。
>
> 下的毒药没害成,又逼哥哥把家分。
>
> 四月里来野草稠,牛郎分家只要牛。
>
> 搭个草棚遮风雨,开荒种地汗水流。
>
> 五月夏至天气热,老牛猛地把话说。
>
> 仙女河里正洗澡,藏起衣裳订婚约。
>
> 六月里来麦子黄,牛郎织女收割忙。
>
> 老牛能拉又能驮,一年收下两年粮。
>
> 七月里来入秋哩,织女纺线把布织。
>
> 织的布匹光又细,缝完夹衣缝棉衣。
>
> 八月里来月儿圆,织女人间已三年。
>
> 生了一儿又一女,四口之家日子甜。

九月里来秋风凉,织女给娃做衣裳。

冬夏衣裳各几套,大小鞋袜各几双。

十月里来天气寒,老牛临死有遗言:

我死之后请留皮,用时披上可上天。

十一月里雪花旋,织女盘算了姻缘。

一年天上是一天,驾云升天不耽延。

腊月冰天又雪地,牛郎后面追上去。

抱着一儿又一女,面对天河出长气。①

天理人情有商量,三年一闰是文章。

人神相会七月七,玉帝一言情久长。

野鹊搭桥天河上,情深似海难估量。

凡间姊妹来乞巧,先求莫遇无情郎。

巧娘娘,下云端,我把巧娘娘请下凡。

唱巧(田京辉摄)

每年乞巧前,各乞巧点的组织者都会邀请本村镇年长些的妇女,根据当地现实

①出长气:方言,叹气,长叹。

生活中的重大事件编写的歌词。已结婚的妇女大多是外村镇,甚至外县嫁来的,所以她们在乞巧歌的传播交流方面起到特殊的作用。20世纪40年代以前唱的如《洋烟歌》《抓壮丁》之类,20世纪50年代以后唱的抗美援朝、互助组、合作化及社会风尚的作品很多,都是随着社会的发展,内容不断更新,尤其在20世纪50年代,可说是年年层出不穷。50年代以后,青年男女的接触不受时俗的非议,所以有的地方也请一些上过学的或正在上学的学生帮助编歌(20世纪50年代以前女孩子上学的极少,绝大多数是男孩子),因此所以有些歌词带有文人腔调。所编歌词多,又编得好,是一个乞巧点上的无上荣耀。

3. 唱乞巧歌时的舞蹈动作

乞巧舞蹈动作分牵手摆臂式、往来穿插式、原地跳跃式和扭摆行进式四种。

牵手摆臂式:三五个姑娘,在神桌前互相牵手站成一排。唱时双足不动,牵在一起的双臂随歌声节拍前后摆动。在举行搭桥、迎巧、迎水、拜巧、送巧等仪式时多用此式。

唱巧(张春年摄)

往来穿插式:当地俗称"参花剪子"。一起唱的四个姑娘面对面站在供桌前空地的四角上,每唱到"巧娘娘,下云端,我把巧娘娘请下凡"时,站在对角的两个姑娘随歌声摆臂行进,交换位置。转身站定后,再接唱下一节歌词。就这样,两对角的姑娘相继不断往来穿插,直至一首乞巧歌唱完。

原地跳跃式：分靸足跳跃和双足跳跃两种。

靸足跳跃式：俗称"泼又泼"。三四位姑娘相约一起唱，在神桌前站成一排。唱巧开始后，随着《泼又泼》歌的数板调节拍，一起在原地双腿交替靸足跳跃，同时双臂大幅度交替摆动。跳跃动作先慢后快。在其他姑娘随声相和中，气氛紧张而热烈。一曲下来，跳"泼又泼"的姑娘，个个满头大汗，人人气喘吁吁。

双足跳跃式：专用于"跳麻姐姐"仪式。与靸足跳跃所不同的是双足同时做原地跳跃动作，并且双臂同一方向前后摆动，有的姑娘双臂摆到前方时，还要顺势在腹前做拍掌动作。

扭摆行进式：在宽敞地带行进中唱巧时多采用此式。唱乞巧歌时姑娘手拿纸扇或手帕，排成一行或几行，随歌声节拍，踏十字步行进，同时随着腰部的扭动，双臂在胸前舞摆。在边唱边走边扭摆中，可以变化出各种式样的行进队形。

新时期以来，由于多元文化的影响，在唱巧过程中加进了许多现代歌舞的元素，使唱巧少了些祈神性质，多了些表演娱乐内容。如上面谈的最后一种便是在新时期才产生的。

祭巧、唱巧是乞巧节的主要活动，贯穿整个乞巧节，体现乞巧节的意义，在群众中产生多方面影响，包括提高女孩子的创作、演唱能力。

4. 跳麻姐姐

在七天八夜的祭巧、唱巧过程中，过去还有一个比较特殊的仪程，便是跳麻姐姐。这种活动多数在七月初二至初六选择吉日进行。

关于麻姐姐的来历，在西和礼县一带有关牛郎织女的传说中，麻姐姐是一个出嫁后因为不生育被遣回娘家的女子，她纺麻线、织麻布的本事都很强，又爱帮助别人。因为一直独身，所以叫"麻姐姐"。后来她和牛郎织女家是邻居，织女上天后托梦给她，所以姑娘们乞巧时通过麻姐姐的神灵问吉凶。由当地民间传说分析，麻姐姐应是绩麻和织麻布的女神。20世纪40年代以前，西和农民多穿麻布衫，质厚，耐磨，又可以垫肩、背。徽县靠近西和县东北角的地方有一条河叫麻沿河，附近一个村镇也叫"麻沿河"。与礼县相接的武山县东北榆盘乡的水帘洞里，供着一位神像叫"麻线娘娘"。这些都同麻姐姐的传说有关。

(五)相互拜巧

乞巧过程中,相邻的乞巧点之间要开展你来我往的相互走访、拜巧活动,俗称"行情"。人口稠密,相邻村庄多的乞巧点,每年都要相互拜访达十多处。

两个乞巧点间相互拜访参观,这个关系是多年间形成的惯例。从来没有相互行情拜巧关系的两个乞巧点,若要建立这种关系,可通过一定方式加以沟通(如嫁过去的姑娘或由彼处嫁过来的姑娘疏通联系)。姑娘们的出嫁也会增进村与村之间姑娘们的友情。

过去一般是祈迎神水以后开始行情拜巧,现在与20世纪40年代以前相比,每个乞巧点的拜巧对象成倍增加,所以大多数地方从七月初二以后就开始了相互拜巧活动。

拜巧

相互拜巧时,为了壮大声势,除坐巧处有几人留守接待以外,所有姑娘都参加。姑娘们着意打扮、穿戴一新,排列成队。前面引领的姑娘手捧香盘,盘内放着各种祭品和馈赠对方的礼品——巧芽。列队行进中,小姑娘按排牵手,大姑娘执扇、着帕。她们经过村庄时,边走边唱乞巧歌;出了村庄后,又欢声笑语不断。也有专门

在行情路上唱的乞巧歌:

今儿个坝里去行情,老娘早早有叮咛。

衣裳裤子要齐整,脸上打扮要心疼。

姐姐给我来搽粉,嫂子教我抹口红。

花鞋一双样样儿俊,上面的花儿随风动。

大路上走到张庄里,都看我的鞋帮哩。

问我鞋是谁纳的?上面的花儿谁扎的?

你问不好不言喘,全是我的瞎手段。

我嫂子画的花样子,我娘教我配花线。

拜巧队伍到达目的地时,因为事先已经沟通,村前、巷口早已站满了看热闹的人。被拜巧方的组织者燃放鞭炮,出面相迎。到了坐巧处,先由拜巧方领头人在供桌前祭祀跪拜,然后赠送巧芽。接着,所有拜巧姑娘,从供桌前至院中站成若干排,牵手摆臂,齐唱乞巧歌。为显示才艺,博得观众好评,往往要选自己点上新编的最得意的歌词,还要接连唱好几首。唱到传统乞巧歌时,被拜巧方的姑娘也齐声和唱。欢快、嘹亮的歌声,萦绕庭户院落,回荡街头巷尾,形成一种欢快、祥和的节日气氛。

唱罢,被拜巧方以茶水招待(个别地方因路途较远的,也有招待吃饭的习俗)。两地的姑娘坐在一起问长问短,有说有笑,十分亲热。招待罢,相送到村前、巷口,双方依依不舍的告别。如果要去的几个点相邻或顺路,往往一次就走完。事前主持点上乞巧活动的巧头要和大家做一规划,在时间上有一个预定的方案。

相互拜巧不但有观摩、交流、促进乞巧的作用,还为邻村、邻街的姑娘搭建了互相交流的平台,又为未婚青年寻找配偶提供了很好的机会,所以当行情拜巧的人路过一些村庄或在拜巧处跳唱之时,总会有一些大人热心地去观看,也会评头论足,说谁家的姑娘长得如何如何,穿得如何如何等,感到有和自己孩子相配的便会请媒人去提亲。同时也会有一些小伙子夹在人群中看,有瞅中了的,也会向自己的大人提出说亲的要求。

(六)迎水、转饭和巧饭会餐

从七月初七下午,乞巧节便进入尾声。在照瓣卜巧和送巧前,还要进行迎水、转饭仪式和巧饭会餐活动。

1. 祈神迎水

七月初七晚上照瓣卜巧要用清水。按当地习俗,只有虔诚地在水神爷那里迎来的水,照瓣卜巧才灵验。这就必须在初七(有的地方在初六)上午去祈神迎水。

作为祈神迎水的泉或井,一般都是水源充沛、水质清澈,吃水多,或属当地名胜地带。因为姑娘们取水也带有旅行及展示风采的意思在里面。如西和县十里乡横岭山九眼泉、张集沟龙王庙的毓龙泉、县城外的东泉、云华山下的七盘河、县北长道的龙马泉等,都是历来姑娘们祈神迎水的地点。

取水(田京辉摄)

举行祈神迎水仪式的早晨,姑娘们都会很早起床,着意打扮,穿戴一新,齐集在坐巧处,排成队,按排牵手,大姑娘执扇、着帕。一对手捧香盘的姑娘在前面引领。香盘内放着各种祭品和四束祭献水神的巧芽。或乞巧组织者手提汲水工具(有的地方专备黄丝带背水瓶),跟在队伍后面,或几个人准备一个罐子、小桶之类,回来时换着提。有些姑娘的父母跟随在后面,以防意外和淘气少年捣乱。

20世纪50年代以前,西和县城的祈神迎水仪式十分热闹。在各支迎水队伍出发前,所经过的街道两旁会站满了人。多数人是为了看热闹,也有不少人专为婚姻大事而来。如已到婚龄而未提亲的小伙子,家中有大些男孩子的大人都会站在人群里。已经提亲而没有仔细看过女方长相的,也会在媒人的指点下去看对象的模样。每当有迎水队伍经过时,街道两旁的观众就互相询问、指指点点、评头品足。在封建礼教禁锢的过去,很多少男少女的美满婚姻都是在这一天首先提起或最终订下来的。迎巧、行情拜巧和祈神迎水成了姑娘们喜结良缘的好日子。

西和县城东门外东泉的井口大约八尺见方,平时可以容十来个人同时打水。西和县几次大旱,这里的水仍然很旺,水也甘美,到这里祈神取水的人也很多。七月初七上午这里看热闹的人很多。南关、北关、上城、朝阳、东后街、西后街、衙门背后、曹家河坝等二十多处祈神迎水的人,除到横岭山九眼泉、张集沟龙王庙毓龙泉和云华山的以外,大多会相继到这里取水(城内还有两处:一处为南关西侧小巷道上面的杜家井,还有一处为夫子街东头魁星楼下一井。这一井在20世纪50年代中期,挖断城墙开通道的当中被填了)。每支队伍到达井边之后,由乞巧组织者在泉边焚香跪拜。姑娘们排列成队、牵手摆臂,齐唱《迎水歌》:

> 打一罐,装一瓶,敬神取水要心诚。
>
> 装一瓶,打一罐,心诚了乞巧最灵验。
>
> 三十里路上上香哩,福气带给全庄哩。
>
> 三十里路上取水哩,炼出金脚银腿哩。
>
> 端着走,提着走,胜过百年老陈酒。
>
> 盆子里倒,碗里倒,姊妹对着一起照。
>
> 巧娘娘叫我心上灵,水神爷叫我眼睛明。
>
> 巧娘娘,下云端,我把巧娘娘请下凡。

除唱迎水歌外,每个乞巧点上的姑娘都把新编的歌唱一些,以显示自己乞巧点上的水平。唱罢,人们燃放鞭炮,把献给水神的巧芽撕碎撒在泉中,将带来的盛水器具汲上水,列队返回。

从清晨到中午,城外东泉边,一支又一支的迎水队伍你来我往;人山人海的男女观众前拥后挤,歌声、鞭炮声、欢笑声、喧闹声交织成一片,情景热闹非凡。过去,杜家井和魁星楼下也像过节一样热闹。

祈神迎水大多数地区在七月初七的上午,西和县长道镇和礼县东北部几个乡镇在七月初六上午进行。

2. 转饭

西和县长道镇和礼县东北部几个乡镇各乞巧点,在送巧前还要举行转饭的仪式,这实际上是一种庄严的送神典礼。因为送巧娘娘是在子夜之时,除了参加乞巧的姑娘,很少有人会等到这时候看送巧,举行大的仪式没有人看,而且会干扰周围人家,所以在下午举行仪式。

在七月初六祈神取水活动之后,在坐巧人家的庭院正中摆放几张八仙桌,将姑娘集体购买的供品装碟陈列在桌上。仪式开始时在八仙桌的左右两侧各站一两位有一定资历的姑娘准备"转饭"时递供品,坐巧的正屋内供桌两侧同样左右各站一两位有一定资历的姑娘准备接供品。供桌上香烟缭绕,满院站着看热闹的人。乞巧点上的其他姑娘列队牵手站在供桌前。队前一人手端水瓷碟,水上浮有棉花制作的鸳鸯数对,另一人手端木盘,盘内放置为巧娘娘梳头打扮的木质梳、篦。乞巧组织者在供桌前照例祭祀跪拜后,供桌前列队的姑娘齐唱《转饭歌》:

大姐娃转饭先上香,苹果梨儿摆停当。

二姐娃转饭点黄蜡,点心柿饼也放下。

三姐娃转饭三作揖,敬上一碟毛栗子。

四姐娃转饭烧黄表,献上石榴和红枣。

五姐娃转饭把头磕,佛手千层香油果。

六姐娃转饭上清茶,献上酥糖和麻花。

七姐娃转饭把酒献,葡萄一盘珍珠串。

八姐娃转饭上长面,大小姊妹站一院。

九姐娃转饭上甜饭,姊妹一队九回转。

十姐娃转饭上仙桃，巧娘娘把我要记牢。

七月里，七月七，天上牛郎会织女。

随着歌声，"转饭"队伍由坐巧的正庭室内走出，端鸳鸯瓷碟和梳、篦木盘的姑娘在前面引领，其他人列队牵手跟随，边走边唱，走到院子正中，绕八仙桌转一圈后齐站桌前，队伍前面的姑娘接过桌前姑娘递来的一碟供品后，队伍继续唱着走回屋内。在供桌前，接到供品的姑娘双膝跪地将碟子高举过头，供桌前的两位姑娘先是双手合十相向行拱手礼，再将供品从跪地的姑娘手中接过来，恭敬地供放在巧姑娘像面前，然后两人再次双手合十，又向巧娘娘像行拱手礼。接着跪地的姑娘叩头行礼，起身后，"转饭"队伍又在端鸳鸯瓷碟和梳、篦木盘的姑娘引领下返回院中，边走边唱，转接供品。整个过程中歌声不断。如《转饭歌》唱完，就接唱其他乞巧歌。有时唱到传统乞巧歌时，未参加乞巧，站在院子里看热闹的一些已婚妇女，也会即兴随声相和。如此往返多次，直至院中八仙桌上陈列的所有供品全部转接完毕，"转饭"仪式结束。

3. 巧饭会餐

在乞巧过程中，姑娘们是各自回家吃饭的。而且除行情、取水之外，参加乞巧的姑娘们没有事情到乞巧点上去，有事的则在家中，到的人并不齐全，倒是看热闹的中年妇女及外面来参观的人常常不断。七月初七下午，凡参加乞巧的人都要在一起吃一顿"巧饭"，俗称"办会会"，实为全体参加乞巧姑娘们的一次会餐。

会餐人数少则二三十人，多则四五十人。这么多的人一起吃饭也是一件复杂、难办的事情。乞巧活动开始就由乞巧组织者确定专人着手操办此事。按惯例会餐前每人要缴一碗白面，油、盐、菜、柴，按个人情况自愿缴纳。锅、碗、瓢、勺，则临时借用或自带。参加乞巧的姑娘们只要家庭条件允许，谁也不想少缴东西。

巧饭会餐不是什么七碟八碗的酒肉筵席，而是姑娘们自己做的一顿臊子面或大锅烩面片。

除长道和礼县东北部的村镇有转饭仪式之外，其他乞巧点上七月初七下午会停止其他一切活动，大家忙着准备巧饭会餐。这正是年龄大一些的姑娘显示厨艺的机会,也是小姑娘见习、学习的机会。大多数人会卷袖系裙、自动请战。会擀面的,切菜的,做汤的,烹调的,各显其能;厨艺差一些的,年龄大的劈柴、担水,年龄小的洗菜、烧火,也都积极参与。

太阳落山以后巧饭做好。会餐开始前,第一锅的第一碗饭先供奉给巧娘娘。由乞巧组织者在供桌前,先将饭碗高举过额头,再虔诚地供到桌上,然后跪拜。礼毕,大家的会餐才正式开始。姑娘们以年龄大小为顺序各盛一碗。有的站着,有的蹲着,边吃边说边笑。由于巧饭是大家亲手做成的,又是姑娘们难得的一次集体会餐,所以都吃得津津有味,十分开心。

家中有老人或病人的姑娘,在乞巧组织者的许可下,可以先端一碗回家,期盼老人食用后健康长寿,患病者早日痊愈。有些姑娘还将年幼的弟弟、妹妹带来一起会餐,以求得到巧娘娘的护佑。

(七)灯下乞巧与送巧

1.灯下乞巧

天黑以后举行照花瓣卜巧活动。即送走巧娘娘之前姑娘们聚集在坐巧处,用巧芽在水中的投影图案卜问自己的巧拙、祸福,一般称为"照花瓣"。

看水中投影图案卜巧,古来有之。明代人刘侗、于奕正的《帝京景物略》中记述,七月七日午,投绣针于水盆,"看水底针影有成云物花头鸟兽者,有成鞋及剪刀水茄影者,谓乞得巧。其影粗如锤,细如丝,直如轴蜡,此拙征矣"。所不同的是西和、礼县一带是看巧芽水中投影图案而投芽卜巧,比较起来,其图像之变化更为丰富而逼真,更能引起人的联想与想象。

投芽卜巧开始时,所有姑娘手端白釉碗分站供桌两旁。先由组织者在神桌前祭祀跪拜,并默默祈祷:"请巧娘娘给黑眼的阳人赐个好花瓣,指一条手巧路。"礼毕,大家用数板调齐唱照花瓣歌:

我给巧娘娘许心愿,巧娘娘给我赐花瓣①。

巧了赐个花瓣儿,不巧了给个鞋扇儿②。

巧了赐个扎花针,不巧了赐个钉匣钉。

巧了赐根绣花线,不巧了赐个背笓鞯。

巧了赐个铰花剪,不巧了给个挑③草铲。

巧了赐个擀面杖,不巧了赐个吆猪棒。

巧了赐个写字笔,不巧了给个打牛的。

巧了赐个磨墨砚,不巧了给个提水罐。

巧了赐个扇子扇,不巧了赐个老木锨。

巧了赐一朵花儿戴,不巧了赐一棵烂白菜。

巧娘娘给我赐花瓣,照着花瓣了心愿④。

巧娘娘给我赐吉祥,我给巧娘娘烧长香。

巧娘娘,下云端,我把巧娘娘请下凡。

再如:

巧芽芽儿嫩又长,把愿许给巧娘娘。⑤

巧芽芽儿嫩又绿,红丝腰儿束三束。

金芽芽,银芽芽,掐个如丝的巧芽芽。

想着心愿放盆里,巧娘娘赐我心灵哩。

……

---

①七月七日晚,姑娘们各自准备小盆子或大碗,盛上取来的水,掐一截巧芽投在水里,会漂起,在盆底有投影。姑娘们根据投影的形状,加以解读,以卜巧拙。

②鞋扇儿:还没有缝起的鞋帮。

③挑:方言,剜。

④了心愿:了结心愿,完成心愿。

⑤为了七月七日晚上看影卜巧,姑娘们在农历六月中旬,选不同的粮食放在碗或碟子里培育嫩芽,叫作"生巧芽"。到七月七,大体可到七八寸以至于一尺高,在中部束以丝绸或红纸,端到供巧娘娘的桌上放一天,晚上用以卜巧。

唱罢,由乞巧组织者把迎来的神水分别倒入每个姑娘的碗中。姑娘们在屋内或院子里三人一团,四人一堆开始卜巧。在院子里的要准备油灯。也有些姑娘或已照过,或因人多灯少,一时轮不上,便在屋内唱《照花瓣歌》。

卜巧(刘浪摄)

投芽卜巧时,先掐下巧芽顶端的叶芽,投入水中,浮在水面上的叶芽或小段嫩茎,由于光的折射作用,会呈现不同的投影图案,姑娘们会根据其大体形状,解释成种种常见的东西,如针、线、笔、砚、锅、盆、擀面杖、棒槌、铲子或鸡心、如意、镰刀、锄头、牛头、犁、狗尾等。由此卜知巧娘娘赐予的巧拙、吉凶。如投影图案为针线时,则表示心灵手巧;如为铲子、棒槌时,则表示心笨、手拙;如为锅碗之类,表示一辈子当“锅上的”(绕着灶台转的人);如为鸡心、如意时,则表示吉利、祥瑞;如为牛头、狗尾时,则表示晦气、灾祸;如为笔、砚时,则预示将来会嫁一个文人;如为镰刀、锄头时,则预示将来会嫁农民。

碗底、盆底呈现各种投影图案后,年龄较小的姑娘多请有经验的妇女或大龄姑娘帮助自己分析、解读其中寓意。姑娘自己碗底的投影图案被大家确认为心灵、手巧、吉利、祥瑞时,她心中十分高兴,会将碗中的水喝一口,再把水倒掉,另盛半碗,重新开始下一轮的照瓣卜巧。

照瓣卜巧活动在欢快的歌声中往往要进行两三个小时。

有些姑娘因为家中有病人不能离开或有丧事未过三年，不能参加乞巧活动，则在自己家中在七月七晚上用"针线卜巧"的方式预卜自己的命运。有些青年妇女也用这种方式卜巧，所以也往往会有几个人一起进行。

"针线卜巧"是历史上出现最早、流传最广的一种卜巧方法。《西京杂记》卷一中就有西汉时宫廷彩女"七月七日穿七孔针于开襟楼"的记载。南朝宋孝武帝刘骏《七夕》诗中说"沿风被弱缕，迎辉贯玄针"，描写了当时的乞巧穿针风俗。一直到明朝，文学家何景明还惊赞"楚客羁魂惊巧夕，燕京风俗斗穿针"。

针线卜巧有水面浮针卜巧和燃香穿针卜巧两种方式。

水面浮针卜巧，是七月初七盛数碗水晒在阳光下，慢慢水面就会产生一层淡淡的薄膜。卜巧时，准备几根绣花针，在供桌前炷香、叩头、祈祷后，将数枚绣花针小心地横着放入碗中。针若浮在水面便为得巧，浮得数量越多，时间越长，证明越巧。若针浮得较少，甚至很快沉入碗底，便为没有得巧。

燃香穿针卜巧，是准备绣花针一枚，绣花红丝线一根，在供桌前炷香、叩头、祈祷后，拿上针线，请同伴或亲属中的女性燃香一根，一起走到黑暗处，在黑暗中借助香的红光，往针眼中穿红丝线，以穿过针眼为得巧。若将线多次未穿入针眼，便为没有得巧。

2. 送巧

投芽卜巧之后，乞巧活动也即将结束。姑娘们怀着惜别的心情，尽情唱巧。在供桌前，你四五人往来穿插唱一曲，她四五人靸足跳跃唱一曲，有时集体牵手摆臂唱一曲，大家的情绪非常高。

临近子时，大家准备送巧。有的姑娘开始收拾香蜡、黄表、贡品之类，有的站在供桌两旁唱送巧歌：

> 七月七，节满了，巧娘娘把我不管了。
>
> 巧娘娘身影出了门，石头压心沉又沉。
>
> 有心把巧娘娘留一天，害怕桥拆了没渡船。
>
> 巧娘娘走了我心酸，眼泪流着擦不干。

> 有心把巧娘娘留两天，害怕老天爷寻麻烦。
>
> 巧娘娘原本是天仙，天仙上面还有天。
>
> 世成女的万事难，千条绳绳把你缠。
>
> 老天爷本来把心偏，王母娘娘也心甘！
>
> 难抬手来难抬脚，心事只给巧娘娘说。
>
> 平时难见巧娘娘面，有苦只在心里憋。
>
> 白手巾上绣的牡丹花，一股子青烟升了天。
>
> 白手巾上绣的一枝兰，再也见不上巧娘娘面。
>
> 白手巾上绣的芍药花，巧娘娘走家我咋家（我怎么办呢）？
>
> 白手巾上绣的葡萄蔓，巧娘娘一走心想烂。
>
> 白手巾上绣的朱叶梅，巧娘娘一年来一回。
>
> 白肚子手巾写黑字，巧娘娘走了我没治（没办法）。
>
> 巧娘娘，上云端，我把巧娘娘送上天。

乞巧组织者在供桌前照例祭祀跪拜。礼毕，姑娘们走到供桌前排列成队、牵手摆臂，齐唱送巧歌：

> 巧娘娘穿的神仙衣，巧娘娘走哩我送你。
>
> 巧娘娘影子出了门，巧娘娘先行我后行。
>
> 巧娘娘影子出了院，我送巧娘娘心里乱。
>
> 巧娘娘影子上了房，我送巧娘娘脚步忙。
>
> 巧娘娘影子驾了云，转眼到了南天门。
>
> 巧娘娘影子走远了，把我丢下不管了。
>
> 巧娘娘影子没得了，由不得人哭开了。
>
> 巧娘娘，上云端，我把巧娘娘送上天。

随着忧伤的歌声，两位年龄大些的姑娘把巧娘娘像从供桌上捧起，其他姑娘排列成队、各执燃香一支，手捧香盘的姑娘走在前面。在鞭炮声中，送巧队伍簇拥着巧娘娘像走出坐巧处的大门。各个乞巧点长时间中形成固定地点，在哪里迎巧就在哪里送巧。一路上,大家步伐缓慢,笼罩着惜别的气氛。到达送巧地点后,将巧娘娘像安放在地上,组织者点起香蜡,焚烧黄表,大家面对巧娘娘像列队,齐唱《送巧歌》之三:

　　七月七,节满了,巧娘娘把我不管了。

　　巧娘娘身影出了门,石头压心沉又沉。

　　有心把巧娘娘留一天,害怕天河没渡船。

　　有心把巧娘娘留两天,害怕走迟了天门关。

　　有心把巧娘娘留三天,害怕老天爷寻麻烦。

　　白肚子手巾写黑字,巧娘娘走来我没治。

　　巧娘娘走了我心酸,眼泪流着擦不干。

　　野鹊哥,野鹊哥,你把我巧娘娘送过河。

　　巧娘娘,上云端,我把我巧娘娘送上天。

送巧

随着歌声,乞巧组织者在巧娘娘像前跪拜祭祀。在河边上送巧的,将用手襻连起的长绳拉向对岸,再将巧娘娘像焚化。姑娘们不仅悲伤地唱着送巧歌,有的甚至哭起来。因为这不只是一年的乞巧节结束,而是有的姑娘可能一年内出嫁,将各奔东西,再难相聚。有的姑娘甚至哭红了眼睛,不敢回家。哭声、歌声汇成一片。乞巧节结束后,由乞巧组织者出面,按参加乞巧人数的多少,将所有供品搭配分成若干份,然后分发给每个乞巧姑娘。姑娘们把应得的供品拿回家让家人品尝。

七夕节过得这样隆重且有七天八夜之久,这在全国是独一无二的。西和、礼县一带的乞巧活动,从对姑娘们各方面的锻炼和心理影响方面说,不仅仅是正式节庆的七天八夜。

(八)天水、陇东等地的乞巧节俗

1. 天水地区的乞巧风俗

甘肃省天水市位于六盘山西麓,渭河上游地区,陇南市西和、礼县之北,定西市之南。天水历史文化悠久,大地湾文化、伏羲女娲文化、秦文化底蕴深厚。天水市清水、张家川等县,至今零星传承着一些七夕风俗。

"喝巧娘娘"习俗主要流传在天水市清水县的白驼、松树,张家川回族自治县的恭门等乡镇。如清水县松树乡上曹村、时家村等地,即称七月七日唱乞巧歌为"喝巧娘娘"。乞巧节来临时,姑娘们把一个盛满豌豆的小碗放在缸里,每天换水,生出豆芽。在豆芽生长过程中,用头绳轻轻捆住,使豆芽长成一尺以上,甚至更长的豆苗。至七月七日乞巧节这天,姑娘们用鸡蛋罐和彩纸糊男女像各一个,放在"会长"家正房的桌子上。桌子的左右两面摆上姑娘们各自生好的豆苗,中间是各种供品。然后,姑娘们依次在长条板凳上坐好,面对面在统一的节拍下边打手边唱词。打手动作是:两手合揖——相碰——回拉、分开——左手前互击——左手收回——右手前互击——右手收回——两手又合揖,反复循环。"喝巧娘娘"的乞巧歌:

> 巧娘娘,乞巧来!
>
> 喝汤来,洗澡来!
>
> 上坡里坐着尖牛郎;下坡里坐着巧娘娘。①
>
> ……

在演唱之后,姑娘们依次掐巧芽放入水碗中卜巧,然后送巧娘娘,完成整个祭祀

---

① "中国节日志·七夕节"项目组2011年3月15日对清水县松树乡时家村、上曹村曹米儿(女,66岁)采访所录。

仪式。

流行于天水市张家川回族自治县的"喝巧娘娘"乞巧歌:

> 巧娘娘,吃巧来,喝汤来,洗澡来。
>
> 上座里坐的巧娘娘,下座里坐的是牛郎。
>
> 做牛郎鞋,摆两双,穿一双,放两双。
>
> 我给巧娘娘鞠个躬,巧娘娘教我打阿公;
>
> 我给巧娘娘献花花,巧娘娘教我打阿家;
>
> 我给巧娘娘献李子,巧娘娘教我打女婿。
>
> 我给巧娘娘献鸡蛋,巧娘娘给我扎花线;
>
> 我给巧娘娘献梨儿,巧娘娘教我骑驴儿。[1]

语言诙谐,表现了在封建社会中女子对旧礼教反抗的情绪。有些传统歌词流传很
广泛,而字句上又稍有变异。如张家川流行的这首《巧娘娘》,在清水县也有流传,
但只开头到"下座里坐的是牛郎"相同,以下却是:

> 做牛郎鞋,摆两双,穿一双,放一双。
>
> 风吹起叶叶儿,落下杆杆儿。
>
> 金水儿,银碗儿,巧娘娘,洗脸儿。
>
> 洗下的脸,如白面,巧娘娘叫我做针线。
>
> 我给巧娘娘来献瓜,巧娘娘叫我来扎花。
>
> 我给巧娘娘献柿子,巧娘娘教我缝被子。
>
> 我给巧娘娘献桃儿,巧娘娘教我缝袍儿,
>
> 我给巧娘娘献双鞋,巧娘娘教我要学乖。[2]

除传统歌词之外,各县也都有些自编的歌词,反映了当地的生产、生活、风俗习惯以
及历史事件。可见在20世纪40年代以前的漫长时期中,天水各县的乞巧风俗也是

---

①参见《中国歌谣集成》(甘肃卷)。采录者翟存菊。

②李益裕选编:《天水歌谣》,甘肃文化出版社,2005年。此歌演唱者马翠巧,采录者牟军红。

很兴盛的,只是由于这些地方多处于经济、文化发达的交通要道,一些旧的、古老的习俗便渐渐丢失。

2. 陇东地区的乞巧风俗

乾隆二十六年(1761年)修《庆阳府志》卷三十二《风俗四》云:

> 七月七,女红乞巧于织女,设蔬果,抛芽水上,察影以卜巧。

这是概括记述了整个庆阳地区的情况。《古今图书集成》卷五五三《平凉府风俗考》中也有类似记载。康熙年修《静宁州志》卷四《乡土志》、乾隆十一年(1746年)修《静宁州志》卷三《风俗》、乾隆三十四年(1769年)抄《庄浪县志》卷十《风俗》、民国《庆阳县志》卷三《民俗、风俗、岁时》、民国《重修镇原县志·民族志》等庆阳、平凉两地区的一些县志都很简略。下面引《正宁民俗》一书中的记载,以见其大概:

> 七月七日,当地妇女乞巧的花样繁多,也颇有情趣。在乞巧节到来的前一个月,即六月初六,姑娘们就把一粒粒精选出来的豌豆浸泡在清水碗里,放在阴凉处,三两天换一次水,生成白生生、黄嫩嫩的芽子,长到两三寸,用五彩丝线拦腰束起来,长到七寸左右,便束了三道五道彩线,这就成了"巧芽芽"。
>
> 七月七日这天黄昏,村里未成年的女子和待嫁的姑娘,共推一位俊秀灵巧、人才出众的姑娘领头,折拉柔柳,绑扎成人的模样,用木勺作头,画上脸谱,艳服盛装,犹如真人,视为织女,置于场心或柳荫之下,称作"巧娘娘"。日落天晚,姑娘们在"巧娘娘"之前,摆置香案,陈献果品,麦面烙的巧娃娃及姑娘们平时做的刺绣品等,然后虔诚地跪于香案前,每人手执两个饭碗,齐声唱《乞巧歌》……
>
> 两碗摩擦发出的声音,伴着优美甜润的歌声,异常悦耳。这样反复吟唱,三炷香完,"迎巧"结束。
>
> 待到入夜,弯月当空,姑娘们开始"占影测巧",即在"巧娘娘"面前放置一盆清水,姑娘们依次将自己的"巧芽芽"掐下寸许投入水中,借月光看盆底的影子,如盆底的影子像纺线车子、织布机子,花朵,则象征姑娘们能

纺织、会扎花,是纺织刺绣能手;如盆底映出的影子像刀、水瓢、锅碗等,则象征姑娘们能蒸会擀,能煎会炒,是做茶饭的能手;如盆底映出的影子像凤冠、霞,则预示姑娘的将来大富大贵,是官宦夫人……把这种活动叫作"掐巧芽芽",掐完后,姑娘们用手挽成"花花桥",两人相抬,其余相跟,把巧娘娘送往水潭或濠池畔,送其"过天河"会"牛郎"。

直到夜深人静,万籁俱寂,有的姑娘还趴在井台上,屏声敛气地向井内细看,据说此时在静中可以看到织女牛郎重逢的倒影;有的姑娘钻入葡萄架下,凝神静听,据说此时在葡萄架下可以听见牛郎织女相会时间两情依依的低声絮语……

此时,新麦已经上囤,家家都要磨些新麦面粉洗淀面,烙干粮,作为节日食品,并用新麦面蒸、烙成人物、动植物形状,谓之"巧娃娃",给姊、妹、姑、姨的孩子赠送,谓之"送巧"。①

《陇东风俗》一书中说:

> 乞巧节是姑娘们的节日,可以清晨入草"打露",并以五谷籽粒各七颗置于瓷盆中加水生芽,以生芽快慢多少卜其聪巧,并含有乞得良缘之意。更有些姑娘早从六月六那天就泡起了豆芽,把泡的豆芽放在水缸下,到了七月七晚上,七八个姑娘围在一起,把豆芽掐下来放在水碗中,从豆芽在水里的影子看各人以后能干啥。而那一对对的情侣则早躲到葡萄架下,听牛郎织女的窃窃私语去了。传说这一天晚上,葡萄架下能听见他们说话。七月七这一天喜鹊格外少,老年人说,银河无桥,牵牛织女相遇,喜鹊搭桥去了。七月七后的喜鹊头上没了毛,那是让牛郎织女用脚踩脱了。②

看这情形,同西和、礼县东部永兴、盐关一带乞巧的活动相似。(1)参加乞巧活动的都是未成年的女子和待嫁的姑娘;(2)都生豆芽,并在七月七的晚上占影测巧;

---

①王长生:《正宁民俗》,甘肃人民出版社,2001年,第134—136页。
②彭金山:《陇东风俗》,敦煌文艺出版社,2001年,第24—25页。

（3）都要做成"巧娘娘"的像，设置香案供奉起来，并供献果品；（4）都有长期流传的乞巧歌，在巧娘娘神案前唱；（5）都有一定的祭巧的仪程；（6）都有可以到葡萄架下听牛郎织女说话的传说；（7）都在七月七日午夜时分将巧娘娘送到水边焚化。

但也有不同之处：（1）西和县中部、北部各乡和礼县永兴、盐关一带乞巧总共七天八夜，时间要长得多；（2）西和、礼县乞巧时不仅唱，还手拉着手跳，是又跳又唱，却并不用碗伴奏；（3）西和礼县乞巧的七天之中，姑娘们成群结队到邻近乞巧点上去参观，并由自己这个点上的姑娘组队跳唱，具有观摩和表演性质，陇东一带无此风俗；（4）西和礼县没有烙了"巧娃娃"之类的饼子赠送人的风俗；（5）西和、礼县没有七月七日清晨到草中打露的风俗；（6）西和、礼县没有在井中看织女活动的风俗。

比较起来，陇东各地乞巧的时间短一些，敬奉织女的仪式较西和、礼县一带简单一些，而烙了饼子送亲戚、清晨到草中去打露等，反映农耕文化的特色更重一些。

（九）陕西省汉中市、安康市的乞巧节俗

今天，西汉水和汉水是各自独立的水系，而先秦时代，西汉水与汉水是一条水。西汉初年，由于地震使河道淤塞，发生了河流袭夺现象，汉水在略阳中断，其上游发源于甘肃的部分，即西汉水南流，汇合白水江为嘉陵江；发源于陕西的沔水仍按旧河道经湖北入长江。

古人称分隔了牵牛织女的银河为"汉""云汉""天汉"。以"汉"为天河之名，显然是秦文化的遗留。秦先民最早居于汉水上游，因而将晴天夜晚天空呈现的银白色光带也称作"汉"。周秦文化融合后，"汉"或"云汉""天汉"成了银河的通用名称。秦人将位于银汉北侧呈三角状排列的一大星两小星称作"织女"，以纪念自己的始祖，保留了他们最古老的记忆。这个星名后来也成了织女星座的通用名称。

两条汉水、两条漾水、两个嶓冢山的共存现象是秦文化的遗留，与秦人发祥于陇南、天水，不断东迁的历史密切相关。秦人本居于西陲，自然对其周围山、水记忆尤深。嶓冢山本是秦人早期生活地一带重要之山，汉水本是秦人早期生活地一带重要之水。沔水本是汉水之重要支流，统名之为"汉水"。《禹贡》中所说"又东为汉，

又东为沧浪之水"的"汉",本指发源于甘肃向东与沔水合流的汉水。

正因为汉水与秦文化、牛女传说有着如此深厚的联系,汉水上游的陕西汉中、安康地区,湖北十堰市郧西县如今亦流传着乞巧风俗。

(康熙)《城固县志》卷二《风俗》云:

> 七月七日,奎星诞,士皆会祭。是夕,幼女皆设瓜果、豆芽、穿针乞巧。

(康熙)《西乡县志》卷四《风俗》、(康熙)《洋县志》卷一《舆地志·风俗》、(嘉庆)《汉南续修郡志》卷二十一《风俗》、(光绪)《定远厅志》卷五《地理志·风俗·节序》、(民国)《续修南郑县志》卷五《风土志·礼俗》等地方志都有相似的简略记载。

新编《略阳县志》云:

> 七月七日:七巧节,妇女、小孩掐巧芽,设香案,陈瓜果、糕点、折豆芽于水盆中,观察水影形状,以卜人的巧拙。穿针线于暗处,谓之"牛郎织女巧相会"[①]。

《南郑县文史资料》记载了汉中市南郑区的乞巧风俗:

> "乞巧"是平川地区的未婚姑娘们向"巧姑娘娘"(即织女星)求艺的活动。初五至初七的三天,姑娘们聚集在某姑娘家里,各拿些菜金和米面,同吃同住一起活动(一般为七个人)。过去,要供奉"巧姑娘"牌位,每日烧香燃烛,敬献供果。每晚,姑娘们围坐一起"乞巧",一一唱"乞巧歌"[②]。

流传于南郑区的乞巧歌有:

> 年年有个七月七,七个姑娘乞巧哩;
>
> 巧姑娘娘莫嫌弃,下凡给我教手艺。
>
> 教我种田禾,教我织绫罗,
>
> 教我做锦衣,教我绣花描凤雏。[③]

安康地区(康熙)《石泉县志·风俗》、(康熙)《汉阴县志》卷一《舆地志·风俗》、

①略阳县志编纂委员会:《略阳县志》,陕西人民出版社,1992年。

②政协陕西省南郑县委员会文史资料委员会:《南郑县文史资料》第七辑,1990年。

③政协陕西省南郑县委员会文史资料委员会:《南郑县文史资料》第七辑,1990年。

(嘉庆)《汉阴厅志》卷二《风俗》、(道光)《宁陕厅志》卷一《舆地志·岁时》、(民国)《重修紫阳县志》卷五《纪事志·习俗》也简略记录了流传于安康地区的乞巧风俗。新编《安康地区志》的记载较详细,可以观其大概:

> 旧时平川地区的姑娘们在七月七日夜举行"乞巧"活动,在院场内摆一小方桌,设香案,供瓜果、花馍,祭拜七仙女。有的地方拜牛郎织女。祭毕对月穿针,向织女乞巧求智,如挑花、绣朵、裁剪、纺织之类。有的地方在供桌上放一盆清水,姑娘们把提前长好的巧芽摘去豆瓣,投入水中,对月照影,如盆底芽影细长生花,就是织女已把智慧赐予了;芽影粗短就是没得巧。实际上还借此乞讨别的更多的东西。民间有一首乞巧歌:"乞手巧,乞容貌;乞心通,乞容颜;乞我爹娘千百岁,乞我姊妹千万年。"①

(十)湖北省郧西县乞巧民俗"请七姐"活动

湖北省十堰市郧西县地处秦巴谷地,汉水自西向东流经南部边境,与其第三大支流天河在郧西腹地观音镇天河口汇合。湖北省郧西县七夕民俗主要是"请七姐"活动。

请七姐就是以待嫁女子为主体,在农历正月初七和七月初七举行的请仙姑下凡、祭拜问事与表达祈愿的一种仪式活动。在郧西县上津、景阳、安家、夹河、观音、城关等地,至今还保留着在正月初七和七月初七请七姐的风俗习惯。正月初七请七姐下凡的主要目的是向七姐问年景、求财运;七月初七请七姐,主要是为姑娘和小媳妇们乞巧或占卜婚姻爱情。郧西民间认为,织女是王母娘娘的第七个外孙女,被称作"七姐"或"七姑娘"。传说七姐被王母娘娘召回天宫后,同她的六个姐姐共同掌管着民间的年景收成、婚姻爱情、字墨财运和吉凶祸福等。

在请七姐仪式中要吟唱歌谣,七月七日夜晚有的请七姐的唱词是:

---

① 安康市地方志编纂委员会编:《安康地区志》(下册),陕西人民出版社,2004年。

七月七,月儿明,喜鹊来,搭桥墩。

请七姐,下凡尘,问婚姻,问前程。

传梭拨,数巧珍,织花布,花样儿新。

七姑要来早些来,莫等露水打湿鞋,

挂红灯,点长香,单等七姐给吉祥。[1]

郧西县天河"七夕习俗"还有拜织女会、葡萄架下偷听情话、做巧食、涂染指甲、放河灯等民俗活动。七月初七这一天,妇女、姑娘都要采集各种鲜花,放在盛着水的铜盆里,露置院中,第二天取来搽面,据说可使皮肤白净。也有捣指甲花,取汁染红指甲。不管是搽脸还是染指甲都会得巧,郧西妇女们大多为了得巧,到了七月七这天晚上捣碎指甲花,再加上些明矾,放在指甲盖上,外面包上核桃树叶,再用花线缠住,第二天指甲就变红了,而且色泽红艳,不易褪色。七夕节还有吃巧食的风俗,巧食的内容有瓜果和各式各样的面点,各地风俗不一,郧西以面点为主。七月七这天,郧西的人们都要用面粉做些鱼戏莲、蝶恋花、福寿蟠桃等寓意爱情的花馍,或做点心、麻花、马蹄酥等各种花鸟鱼虫样的巧食,陈列在庭院中的几案上,好像要请天上的织女来品评。然后大家一面观赏着遥远的夜空,一面吃着各种巧食,这样也会使女人变得灵巧。天河口放河灯颇有特色,该民俗是在农历七月初七之夜,一边放,一边唱"河灯亮,河灯明,牛郎织女喜盈盈"等民谣。

郧西县民间口传艺术主要是以歌谣、小调为主的诵唱艺术,包括代逝调、山歌调、花鼓调、薅草锣鼓、对子歌调、小调。关于牛郎织女传说的有《牛郎织女》《七夕牛郎会织女》《牛郎会织女》《牛郎织女隔天河》《"七夕"颂歌》《织女纺线》《牛郎织女闹龙船》《牛郎织女(对子歌)》《织女十绣荷包》《织女斟酒》《娘娘庙外一景观》《牛郎和织女对歌》《牛郎织女归位》《牛郎的诉说》《织女泪》等。如《织女十绣荷包》:

一绣荷包往事想,牛郎天天在身旁。

绣对鸳鸯水中戏,甜甜蜜蜜过日光。

---

[1] 唱词由"中国节日志·七夕节"项目组于2010年8月15日,在郧西县考察期间采自郧西县文化馆。

不料一阵无情棒,打得鸳鸯各一方。
遥对天河望彼岸,无边情海水茫茫。

二绣荷包泪汪汪,绣只鸳鸯难成双。
别人成对窗前过,织女孤身在绣房。
金鸡报晓天将亮,夜夜相思恨夜长。
待到荷包绣起时,针针线线泪成行。

三绣林中一杜鹃,声声啼血把儿唤。
为娘不能照料你,做爹浆洗又补连。
平时多听爹爹话,睦邻厚缘少事端。
上学读书须用功,早睡早起莫误点。

四绣荷包四月八,点支高香敬菩萨。
保佑我郎身体好,专心牧耕不想家。
一年之计在于春,五谷丰收在于勤。
待到满山红叶时,行行大雁报喜讯。
五绣荷包麦儿黄,天河两岸插秧忙。
穿红着绿岸上走,夫唱妇和喜洋洋。
怨恨王母铁心肠,隔河两岸空惆怅。
如若我郎早归来,男耕女织也风光。

六绣荷包天河边,织女望郎眼欲穿。
水上也有千帆国,唯独不见郎上岸。
每次秘密相约会,费尽心思也枉然。
如此时光有多久? 相思度日如度年。

七绣喜鹊连成线，鹊桥飞架彩云间。
日夜思盼佳期到，玉琼良宵不夜天。
别后心里多少话，相对却又无一言。
佳期如梦鹊桥归，旧愁又把新愁添。

八绣荷包月儿圆，送与牛郎戴身边。
外界世道多变故，野花跟前莫留恋。
只要夫妻心相印，管他相隔多少年。
忠贞不渝传美德，七夕故事天下传。

九绣蜡梅初绽开，大雪纷飞寒冬来。
出门看天勤添衣，妹织寒衣暖心怀。
寒冬夜长望天明，冬去春来又一载。
痴心相守天长久，天河东流归大海。

十绣荷包整一年，年年三百六十天。
天天怅望盼郎归，归来全家好团圆。
圆圆月儿凌空照，照在郧西天河岸。
岸柳依依影成双，双双夫妻把家还。
还有七夕传说多，多似星星数不全。
全在天河流千古，古往今来传人间。[①]

"牛郎织女本传歌""牛郎织女本纪"以代逝调详细演唱牛郎织女天上人间的悲欢离合故事，具体包括《错传圣旨》《牵牛游园》《织女绣十针》《花园相会》《贬下凡间》《牛郎遭难》《兄弟分家》《织女想四季》《私下凡间》《牛郎闹五更》《老牛做媒》《织女考牛郎》《欢乐杨家湾》《牛郎织女看花灯》《织女怀胎》《秋季赏新节》《捉拿织女》《鹊桥相会》，共18个情节前后相连的民歌段子。

---

① 搜集、整理：闻孝书、谢洪礼。见赵天禄、尚政国主编：《郧西民歌集·上津卷》，崇文书局，2010年。

五、乞巧歌的前世今生

（一）被旧礼教吹散消失后的搜寻

1. 西和《乞巧歌》的成书历程

西和县、礼县一带乞巧风俗历史悠久，但由于旧礼教的影响，过去读书人把姑娘们的乞巧活动看作越礼的陋俗，很少关注，在文人的作品中也很少有反映。光绪年间任教于西和漾源书院的丁秉乾（字健堂，1855—1903年，天水马跑泉人）先生《步鸣九道兄〈七夕一首示子女〉》诗云：

上弦新月好，漫步出东门。

树影花铺路，歌声韵断魂。

群姝乞巧慧，鄙士乐纷烦。

一看髻髻舞，山城古礼存。

诗歌生动地反映出当时乞巧活动之盛，并认为它是古代一种礼仪活动的遗存。丁秉乾先生是翰林，读书多，在北京有机会接受新的学术思潮的影响，所以对守旧的文人和乐于钻营官场的人抱着鄙视的态度，而给女孩子的乞巧活动以高的评价，肯定了女子乞求巧慧的社会进步意义。同时代的当地学者赵元鹤（字鸣九，1849—1921年）的原诗说：

银河光灿烂，织女出天门。

离违连年月，亲和惹梦魂。

赵子贤先生1960年在武都

人间欢歌舞，天上叙忧烦。

殷勤人自巧，侥幸不当存。

诗中虽然对乞巧活动并不否定，对牛郎织女的思想意义也是从正面理解，但认为一个人"巧不巧"全在自己努力，乞求于神灵无济于事。这个道理是正确的，但他未看到乞巧活动对女孩子接触社会和突破旧礼教方面的意义。这是因为西和闭塞，文人思想上接受新东西较少，视野不够开阔，他们完全用传统的思想衡量是非。当然正由于西和之地闭塞，保存了乞巧的古老风俗。也正因为此，西和县的乞巧风俗被有的民俗学家誉为"中国乞巧文化的活化石"。

对西和乞巧风俗和乞巧歌的重视，是受到新文化运动影响的赵子贤先生①回到西和县以后的事。

1931年2月，赵子贤先生在天津写有《鹊桥仙》词二首，都是忆及新婚

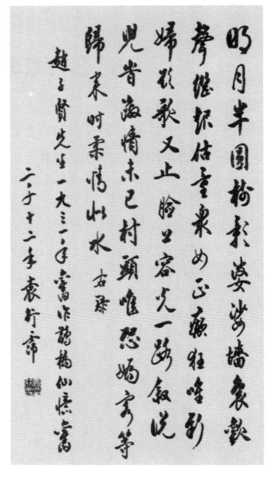

著名学者北京大学教授袁行霈先生录赵子贤先生
《鹊桥仙·忆旧》

①赵子贤（1908—1980），名殿举，字子贤，西和县汉源镇人，弟兄三人，排行第二。他六岁失怙，由母亲抚养成人。子贤先生很孝顺母亲，为给母亲争气，自幼熟读四书五经。1924年，考入省立第五师范学校（1926年改为省立陇西师范）。在上学期间，广泛阅读孙中山、梁启超等人的著作。对中山先生追求中华民族在国际上的平等地位、人民整体富裕、让人民在治理国家中有发言权等主张非常钦佩。后他投笔从戎，加入冯玉祥国民革命军第一军，历任司书、书记、执法官、军法官。北伐失败后，考入开封无线电专门学校。1930年到第二集团军（冯玉祥总部）监察电台，任电务员。冯玉祥讨蒋失败后，孙连仲弃冯投蒋，驻山东济宁州。子贤先生请假拜谒孔庙，趁机离队到天津进修无线电机械学。

著名学者南开大学教授罗宗强先生录赵子贤先
生《鹊桥仙·春节在天津忆内》

之时当七夕节，他随新婚妻子回门至
南家崖（在县城西南七八里）。其《忆
旧》云：

> 明月半圆，树影婆娑，墙
> 里欢笑声继起。估量众女正
> 癫狂，惟新妇，欲歌又止。
>
> 脸上容光，一路叙说，儿
> 时激情未已。村头为恐娇客
> 等，归来时，柔情似水。

《春节在天津忆内》一首云：

> 天津雪厚，汉源春暖，正
> 是风云万里。原非灵鹊架桥
> 时，絮叨声，殷勤窗纸。
>
> 当年七夕，回门崖上，众
> 女坚邀阿姊。村头唱巧正悠
> 扬，却道是，不如纳底。

这两首词都写到了乞巧活动。中央文
史馆馆长、北京大学教授袁行霈先生，
南开大学教授罗宗强先生分别手书了
子贤先生的这两首词，反映了国内著名学者对西和乞巧——中国女儿节的重视。
这两首词都写得一往情深，这恐怕也是他后来组织学生搜集县上乞巧歌的原因之
一。他次年应聘返兰州，在马鸿宾部电台工作。后随电台至银川。在天津时他曾
买到清末章回小说《牛郎织女》，带到银川后，加以阅定，所写跋文中说：

> ……顺便过天后宫，买得小说数种，中有《牛郎织女》一册。家乡七夕
> 乞巧之风甚盛，而于牛郎织女故事，往往说得数句辄止。归而读之，其情
> 节与京戏《天河配》及杨柳青年画所表现不同，颇为离奇。而其文字之幼

稚可笑,几不能卒读。因甚薄,南归时置行箧中,备归家后搪塞小儿之求。今夏至兰州,秋以雷中田阴谋之举,随电台到银川。桂秀思家,翻此书出以供消遣,彼亦以语言乏味置之,曰"不若自家讲说"。

此书讲天河配,而余得之于天津,又不意携至银川。天津、银川,由字面观之,俱有"天汉""天河"之意,而余家西和本古汉源,亦与天汉有关。此书随余数千里,似非无缘也。因而以桂秀一语之启发,校阅一过,稍做增删润饰,则异日子侄阅读,不至又以无味而置之。今所删者,为不合情理处、前后重复处、不点自明处;所增者为情节上须一二语交代处、转折上须一二语铺垫处、情境上须一二语点染处、行文上须增一二字方顺当处。然而保留原文之大体面貌与风格气度,原书之情节、层次及人物之经历,对话之先后,悉如其旧。仍原作者之书也。①

1931年年底,子贤先生在银川的回蒙学校设办无线电技术人员训练所,培养无线电专业技术人员24人。1933年夏,因母逝奔丧回家。其后先后两次任县民众讲习所(后改为民众教育馆)所长,兼新运会会长,进行破除迷信、反对买卖婚姻、提倡妇女放足、揭露鸦片烟的害处的宣传活动。1935年秋,到鼓楼南学校任教。

1936年,写成《形天葬首仇池山说》一文,证明《山海经》中所说形天葬首之常羊山即西和仇池山。炎帝族出于伏羲氏,而形天为炎帝族之一支。1936年暑假,组织学生搜集广泛流传于西和县各乡镇的乞巧歌,编成《西和乞巧歌》一书。

20世纪40年代,子贤先生又到民众教育馆工作。他积极增购书籍,建阅览室、文物陈列室、游艺室等,并动员鼓楼南学校教员李小白先生,将南宋时代为抗金守西和城而殉职的陈寅的事迹编为秦腔剧本,并为之查找和提供史料,一起构思与讨论情节等。李小白三天成稿,名《英烈传》,子贤先生协助修改,后改名《民族魂》,在县上上演。后来,该剧1959年8月作为"国庆十周年献礼"在兰州会演时改名《碧血西城》。

---

① 见清末佚名著,赵子贤阅定:《牛郎织女·序》,甘肃人民出版社,2011年,第1—2页。

　　子贤先生于中华人民共和国成立前因揭露贪官污吏而两次坐牢。1949年他主动同解放军联系,为解放西和作出了突出的贡献。

　　子贤先生对西和城乡流行已久的乞巧节评价很高,他认为"在西和旧势力强大、封建思想笼罩的环境中,女娃可以借着这个活动来抒发情感,表达愿望,同时也是一个接触社会的机会,很有意义"。[①]

　　子贤先生编成《乞巧歌》之后题诗二首:

一

　　　　纸上心弦神鬼惊,女儿悲苦气难平。

　　　　出脓出血刑半死,嫁狗嫁鸡判一生。

　　　　乞巧难求厄运少,及笄似向峭崖行。

　　　　亭亭碧玉家中宝,父母谁闻唱巧声!

二

　　　　莫谓诗亡无正声,秦风余响正回萦。

　　　　千年乞巧千年唱,一样求生一样鸣。

　　　　水旱兵荒多苦难,节候耕播富风情。

　　　　真诗自古随风没,悠远江河此一嘤。

书前序录大略讲了西和乞巧风俗的历史、分布和《乞巧歌》的编排体例。

　　乞巧风俗大体分布于漾水、西汉水流域,实可令人深思。《尚书·禹贡》谓:"嶓冢导漾,东流为汉。"漾水为西汉水源头之一。鹊桥相会之"银河",古即称"汉"。西和乞巧风俗之盛,与此非无关也。

　　杜子美于乾元二年至秦州,作《天河》一诗。诗云:"常时任显晦,秋至转分明。纵被浮云掩,犹能永夜清。含星动双阙,伴月落边城。牛女年年渡,何曾风浪生。"诗言天河"秋至转分明",又言及牛女渡河相见情节,则

---

①姜锐:《有关鼓楼南小学和〈乞巧歌〉的回忆》,《甘肃文苑》2009年第3期;赵子贤:《西和乞巧歌》,上海远东出版社,2014年,第134页。

应作于初秋之月初。集中下一首题作《初月》，中云"细光弦初上"，又云"河汉不改色"，则与上首俱作于七月之初。诗人因所见而生感，方泻之笔端。则天水、汉源一带月初即有乞巧之俗。又公之《秦州杂诗》八云："闻道寻源使，从天此路回。牵牛去几许，宛马至今来。"以乘槎至天汉源头故事为典，似杜公已悟"天水"之名，来之天汉。杜公在天水又有《蒹葭》之作，虽自有寓意，然而以论诗言，诗人之领悟往往超乎专事考订之士，

当时之甘肃省委书记陆浩同志书赵子贤先生
《题乞巧歌二首》

故不能不令人想及《诗经·秦风·蒹葭》。《史记》言秦先人中潏"在西戎，保西垂"，又言"非子居犬丘"，"庄公居其故西犬丘"，为西垂大夫。《正义》引《括地志》："秦州上邽县西南九十里，汉陇西西县是也。"则秦之先本居于天水、西、礼之间。

其中引述唐代以来咏西和汉水源头与七夕风俗之诗作，说明流行于西和一带的乞巧风俗同汉水源头的关系及历史之悠久。

《乞巧歌》按《诗经》的编排方式分为《风》《雅》《颂》三部分，反映男女婚姻与社

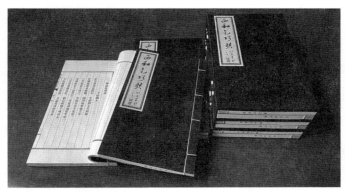

子贤先生所编《西和乞巧歌》（线装本）

会风俗的一类名之曰"风"；咏唱时政新闻与传说故事的一类名之曰"雅"；用于乞巧仪式及歌颂巧娘娘者名之曰"颂"。在很多文人将这些个歌词看作违背礼法的淫祀滥唱的情况下，他竟用神圣经书中类目之称来分类，显示出子贤先生对这些乞巧歌评价之高及他的胆识。书中《风》《雅》《颂》各部分又根据内容分为若干篇。《风》分为《家庭婚姻》《生活风俗》《劳动技能》三篇；《雅》分为《时政新闻》《传说故事》两篇；《颂》分为《坐神迎巧》《礼神乞巧》《看影卜巧》《转饭送巧》四篇。《颂》的内容基本上是代代流传的传统歌词，各地之间也多有雷同词句。

书前有序录，对乞巧歌编订中有些较突出的问题有所说明。乞巧歌每一节唱完之后都要接上两句："巧娘娘，下云端，我把巧娘娘请下凡。"前一句的后三字方言中所唱语意不明，学生写法五花八门，大部分写作"像意儿的"，也有的写"祥意儿的""祥云儿登"等。子贤先生认为：

> 这两句反复唱者，即古代歌诗之所谓"和声"，亦称"声词"，应押韵。所以，"巧娘娘"所连三字句之末一字，必同下一句"我把巧娘娘请下凡"之"凡"字同韵。此当明白之第一点。第二，此声词之两个三字句以句意言实为一句，后三字之意思应与前"巧娘娘"三字相贯通，前者为主语，后者为谓语。民间口语通俗、明白，不含糊，故凡同前句在句意上不能贯通者，变了主语的，皆不可取。第三，"我把巧娘娘请下凡"是承上句而来，两句意思连贯。凡不一致、不连贯者亦非是。

根据这三条理由，子贤先生认为"巧娘娘"之后三字当作"下云端"。

《乞巧歌》一书保留了大量20世纪30年代以前至清代的乞巧歌，今存大部分，保持原书的框架。由西和县文联在县政府的支持下,以《西和乞巧歌》为名于2010年4月在香港银河出版社出版,国学大师冯其庸先生题签,国家非物质文化遗产保护委员会、中国民间文艺家协会民间文化抢救工程专家委员会刘锡诚先生、中国民俗学会副理事长、甘肃省民间文艺家协会名誉主席、兰州大学柯杨教授作序。2014年由上海远东出版社出版了简体横排本,同年外语教学与研究出版社出版了英汉对照本,由西北师范大学外语学院彭建明、蒋贤萍、李彦、张清涵、宋燕合作翻译而成。

2.《西和乞巧歌》的文献价值与思想意义

国家非物质文化遗产保护委员会委员、中国民间文艺家协会民间文化抢救工程专家委员会委员刘锡诚先生在《西和乞巧歌》的序中,对子贤先生搜集的西和乞巧歌大加称赞,他说:

"乞巧歌"具有两重意义:一、它是社会历史和群体民俗的重要载体;二、它是依附于特定的节候——七夕而产生和咏唱的民众口传文学作品。由于地域和历史等特定原因,这些诗歌与《诗经》和《乐府诗集》里的作品一样,大半是可以演唱而不是徒歌。这些歌流传于西和县,在周秦之后的漫长岁月中被逐渐边缘化了。边缘化的好处是,在农耕文明和家族人伦社会条件下的七夕风俗,以及与之相关的民间歌诗,以口耳相传这种易变的方式世代传递,其嬗递变异的速度相对较慢一些,能以相对完整的形态被保留下来,传承下来。

中国民俗学会名誉会长、国家非物质文化遗产保护专家委员会副主任、辽宁大学教授乌丙安先生在中国(西和)乞巧文化高峰论坛主旨发言中说:

赵子贤老先生把光绪年间甚至更早的乞巧歌记载下来,把当时的乞巧活动记载下来进行研究,对有些问题的思考和研究要深刻得多。像这样的老一辈,他们真正和当地的百姓融为一体,一直在尽力保护着民俗中很珍贵的部分。

中国民俗学会副理事长、国际亚细亚民俗学会副会长、中央民族大学民俗文化研究中心主任陶立璠教授说：

> 《西和乞巧歌》所包含的内容丰富多彩。不仅在乞巧活动中，就是在平时，妇女们总是把自己的命运寄托在一个"巧"字上。认为巧女、巧媳妇不仅是妇女的本分，而且象征着美好的未来。所以未出嫁的闺女，特别热心于乞巧活动，求容貌、求心灵手巧，就此创造了令人震撼的西和乞巧仪式文化。

中国民俗学会副理事长、兰州大学柯杨教授为《西和乞巧歌》写的序中说：

> "我口唱我心"的乞巧歌，充分表达了西和妇女们当年的所思、所想、所怨、所求，她们的喜怒哀乐无不跃然纸上。反对包办和买卖婚姻是当时《西和乞巧歌》中的一个重要主题，因为这关系到农村女孩子们一生的前途和命运，是真正的大事。

这些专家学者充分肯定了《西和乞巧歌》一书的文献价值与思想意义。

（二）西和乞巧歌与牛郎织女的传说

1. 西和与"牛郎织女"传说相关的乞巧歌

陇东南一带流传的乞巧歌中，各地都有歌唱牛郎织女的。如20世纪30年代以前，流传的乞巧歌中的牛郎织女，与民间讲述的《牛郎织女》故事大体一致，只是在细节详略方面有些差异。《西和乞巧歌》所收为：

> 正月里来是新年，牛郎织女有姻缘。
>
> 好姻缘来多磨难，隔河相望几千年。
>
> 二月里来雪消了，牛郎生在牛家窑。
>
> 可怜娘老子过世早，哥嫂叫他把牛吆。
>
> 三月里来桃花红，狠心的嫂子坏良心。
>
> 下的毒药没害成，又逼哥哥把家分。
>
> 四月里来野草稠，牛郎分家只要牛。
>
> 搭个草棚遮风雨，开荒种地汗水流。

牛郎织女纹饰铜镇

五月夏至天气热,老牛猛地把话说。

仙女河里正洗澡,藏起衣裳订婚约。

六月里来麦子黄,牛郎织女收割忙。

老牛能拉又能驮,一年收下两年粮。

七月里来入秋哩,织女纺线把布织。

织的布匹光又细,缝完夹衣缝棉衣。

八月里来月儿圆,织女人间已三年。

生了一儿又一女,四口之家日子甜。

九月里来秋风凉,织女给娃做衣裳。

冬夏衣裳各几套,大小鞋袜各几双。

十月里来天气寒,老牛临死有遗言:

我死之后请留皮,用时披上可上天。

十一月里雪花旋,野鹊天上把话传。

天兵天将召织女,驾云升天不耽延。

腊月冰天又雪地,牛郎后面追上去。

抱着一儿又一女,面对天河出长气。

天理人情有商量,三年一闰是文章。

人神相会七月七,玉帝一言情久长。

野鹊搭桥天河上,情深似海难估量。

凡间姊妹来乞巧,先求莫遇无情郎。

本书作者还曾搜集到一首与以上情节相近的歌词,节录如下:

天上乌云雾腾腾,仙家织女天上行。

天上驾起一朵云,织女姐妹下天宫。

正月里,天气晴,一条银河看得清。

河岸两边布双星,织女牵牛放光明。

……

七月里,七月半,王母娘娘把心变。

硬叫织女去上天,丢下儿女无人管。

披了牛皮牛郎赶,一儿一女挑双担。

狠心王母拔玉簪,划条天河把路拦。

牛郎织女站两岸,声音哭哑泪涟涟。

……

关于织女离家而去的原因,这首歌中说"王母娘娘把心变",似乎此前王母娘娘知道织女下凡之事。这些与主流情节中不同的细节,应都是在流传中形成的。

也有的同过去秦腔中的《天河配》拉扯在一起,牛郎家姓孙。如20世纪80年代初,甘肃省群众艺术馆工作人员华杰在西和搜集的乞巧歌《牛郎织女》开头唱:

正月里,是新年,牛郎织女有姻缘。

狠心的王母看见了,她把织女打下凡。

二月里,草芽长,牛郎随后下天堂。

投生人间孙家庄,苦命早把父母亡。

三月里,春来临,牛郎嫂子坏良心。

毒药未把人害死,又把牛郎赶出门。[①]

"孙家庄"的说法明显受秦腔的影响。

还有的歌中将牛郎织女传说同七仙女传说搅到一起,如《西和乞巧歌·雅·传说故事篇》所载《七仙女》:

七个仙女本在天,南天门外看凡间,凡间一片好河山。

手里都把宝贝提,要给凡间好处哩,要显姊妹的本事哩。

大姐拿着风火扇,向下一绕起雷电,妖魔鬼怪难逃窜。

----

① 见甘肃群众艺术馆主编、华杰编著的《采花瑶——陇上采风录》之《陇南七月七"乞巧节"简介·乞巧节简介》,2003年5月印。

二姐拿着阴阳镜,前是龙来后是凤,照得风调又雨顺。

三姐拿着司命香,一口吹去漫四方,六畜兴旺人安康。

四姐拿着甘露瓶,当空一甩细雨淋,能叫山山有树林。

五姐拿着绷子转,转出花籽千千万,要叫人间铺花瓣。

六姐拿着宝葫芦,只向人间撒五谷,只望人间衣食足。

七姐样样都没拿,看见牛郎没成家,要到人间种庄稼。

只为牛郎人勤快,又耕又种有能耐,生性老实心不坏。

新麦下来自己推,要吃果子树上摘,想听曲子自己吹。

唱上山歌吆上牛,一家大小热炕头,不朝不拜不磕头。

各种歌词中大同小异或只唱部分片段的也有不少,此处不一一列举。

2. 西和、礼县流传的牛郎织女传说

天水和陇南的西和、礼县一带关于牛郎织女的传说,在一些细节及其某些情节的详略上稍有差异,这同讲述者所处环境、生活经验及地方知识的不同有关,体现着不同地方由于地理环境、生活习俗不同而形成的在某些方面的不断积累与在另一些方面的不断淡化。礼县一带关于牛郎在西汉水上游一段的内容讲得多,不少情节集中于此。对麻姐姐的内容、情节也占比较重,有的把她的故事情节同麻沿河联系起来。20世纪七八十年代以前从徽县麻沿河到礼县宽川以产麻出名,有关麻姐姐的传说多一些。天水一带流传的有些情节同天水(今天水市秦州区)南部的娘娘坝(在盐官镇东面、麻沿河北面)联系起来。西和中部、北部一带则讲所流传同云华山一带的地

金代牛郎织女故事镜
见浙江博物馆编《古镜今照》

名牛家窑、卧牛嘴、卧牛滩、青草滩、野鹊湾等相联系,并以在牛家窑的一段情节为多。

据乾隆年修《西和县志》卷一所附《旧城图》,清乾隆年以前,县城西南角的凝禧寺(民国之时俗称"侯家庙")南面为三官殿,其南紧靠三官殿有牛王庙也同民间传说中的神牛、金牛星有关。

下面六个传说故事全文刊于《甘肃文苑》2012年第4期和《飞天》2013年第4期。应该说,这个整理本较完整地反映了陇南、天水、陇东一带关于牛郎织女传说的完整面貌。今录之于下,并对一些方言词语加以注释。

牛郎织女传说

赵逵夫 搜集整理

西庄和麻姐姐

很早很早的时候,泾河以北有一家人,夫妻两个都是庄稼汉,快三十岁了,生了一儿一女都没成①。找了个算命的问了一下,说是命属金,该往西才有后人,因为按五行说,西方属金。这么着,两口子商量了一下就往西迁。他家里有一头大黄牛,驮了些东西,两口子又背了一些,走了一天,天黑了歇下来。第二天说:"再往西一些吧!"就又走。就这么走了七天,到了汉水边上,一个两河交叉的地方,全是没有开的闲地。两口子商量说:"都说'泾河短,汉水长,一年能打两年粮'。就在这里安家吧!"也正是春季,他们挖了一眼窑,开了一些地,种上了庄稼。第二年,真的生了一个儿子。因为按算命先生说命里属金,迁到西面才成了的,就取名叫"金成"。过了几年,又先后迁来些人家,听了先迁来这家人的事,也就把这个庄叫"西庄"。

后面来的人当中,有一个女子,从小给人当童养媳,什么苦活都干,只为没生育,被公公家不要了,赶回娘家。别的人家一听不生养,也没有来说亲的。她大②、

---

①没成:指夭夭。
②大:方言,父亲。

她娘也都因为这事心上吃了亏,病死了。大、娘死后,哥哥、嫂子嫌她住家里房、吃家里饭,常常给她上话,她受不了,自己跑出来。金成大、金成娘听着可怜,就收留下来。这女子有一个本事,捻麻线、织麻布、缝麻布衫,做麻鞋,都做得又快又好。她让金成大按她说的做了一个纺麻线的纺车,用脚踏着带动几根线杆子转,只要一面踩踏板,一面调理麻叶,纺的线又细又匀,一个人顶几个人。后来又做了一个织布机,织的麻布又薄又光。金成娘叫金成把她叫"麻姐姐",庄里人也都称她为"麻姐姐"。因为那时候人冬天都是穿羊皮、牛皮啥的缝的衣裳,夏天穿麻织的衣裳,富贵人家、大官才穿绸子做的。这么着,庄里一些女子家[1]、妇人家都向麻姐姐学手艺,照麻姐姐的纺车自己也请木匠做纺车,照麻姐姐的织布机自己也请木匠做织布机。这家也请,那家也请,麻姐姐没有分身术,有时就说:"你先去,我后头[2]来。"请的人说:"你知道我家吗?"麻姐姐说:"能寻着。"所以现在跳麻姐姐[3]时还唱:"麻姐姐,魂来了,黑天半夜寻来了。"这麻姐姐呢,一来年龄旋去旋大[4]了,二来看到很多阿公、阿家[5]糟蹋媳妇子[6],弄得媳妇子左也不是,右也不是,一天忙得要死,还三天两头挨打。有的男人帮妇人[7]解释一下,阿家就说儿子"没刚性,啥都听妇人的"。麻姐姐就想,还不如一个人过,自己做活,自己吃,谁的气也不受。金成大后来在离自家土窑不远处也给她挖了一眼窑,两家也常互相帮忙,和一家人一样。

金成长到十岁的时候,他娘又生了一个,也是儿子,起名叫金铃。他就是牛郎。后来金成娶了媳妇。麻姐姐来给她教捻麻线,教织麻布,也常拿些萝卜、黄瓜什么的,有时金成娘想留下吃饭,金成妇人就说:"麻姐姐,听说你住的那窑还是死了的

---

①女子家:姑娘们。

②后头:之后,后面。

③跳麻姐姐:甘肃陇南的西和、礼县一带乞巧活动中的一个环节,一般在七月初二至初六选择吉日举行,祈请麻姐姐问吉凶等事。

④旋(xuān)去旋大:越来越大。

⑤阿公:公公,丈夫的父亲。阿家:婆婆,丈夫的母亲。

⑥媳妇子:儿媳妇。

⑦男人:指丈夫。妇人:妻子。

我达给你打的？"麻姐姐说："就是的。"金成妇人就说："那我大沾上你的啥光了呀？"麻姐姐一听，好像自己来教她做活，送东西，都是因为欠了她家的，不能白占她家的便宜，也就不再在金成家吃饭。可她心里还是感激金成大、金成娘，对金成妇人也还是好好的，有啥要教的都实心实意教。金成娘过世以后，麻姐姐除了金成妇人来叫，帮着收拾纺车什么的，也就不太到金成家去。她一次看见金铃摘了一撂襟漆颠儿①吃，才知道金铃放完牛背了草回家，常常灶边上只给他留了一点清汤，肚子饿吃不饱就常摘漆颠儿、野果子啥的填肚子。她就把金铃叫到自己家，给些吃的。后头也常常避开人，叫金铃到她家吃一点，有时看见金铃赶了牛要上坡去，没有人时，赶紧塞给一块馍，让揣在怀里，带到坡上去吃。后来麻姐姐和牛郎家成了好邻居。

牛郎和神牛

牛郎生下来一百天的时候，麻姐姐和庄里一些邻居来给这月娃子过"百岁"②。麻姐姐说："叫这娃也来个抓岁③，看将来是个干啥的。"家里就在炕上摆了些铲子、铁勺、织布梭、牛铃铛啥的，又借了木匠的尺子，石匠的锤子，还有笔和秤，摆了一大圈。可这娃一手抓着了大铃铛，摇了两下。金成他大说："看来这儿子和他哥一样，是跟上我打牛后半截子的。"大家问叫啥名字，他大说："还没取，就叫金铃算了。他哥叫金成，他叫金铃。"大家都说："金铃精灵，这娃精灵着呢！"这么着，这娃名字就叫了"金铃"。

就在金铃生下来两天的时候，他家那个老黄牛也生了一个牛娃儿。这牛娃儿一生下来，那老牛刚刚把身上给舔干，就站起来，没有去咂奶，却走到那窑门口朝炕上叫，那月娃子，就是那金铃也叫了起来。他大、他娘都说："这牛娃儿就好像和这娃有啥缘分呢。脚跟脚一起来到世上，还这么着打招呼呢！"原来是天上的金牛星，因为犯了天条被贬下凡间消罪，玉帝让太白金星领他下凡投胎。太白金星给金牛星说："汉水和天相通，你投到汉水边，万一玉帝忘记，你回来诉说也多一条路。"又

---

①漆颠儿：漆树上的嫩芽，样子像香椿。一般在大林里有。
②陇南一带在小孩一百天时有"过百岁"的风俗。
③"抓岁"即"抓周"。

说:"汉水上游只有一家的牛是泾河边上来的早胜牛,体大身高,好怀的下你,你就投他家。"这么的金牛星就投在了金成家。

说来也奇怪,这金铃一两岁的时候,大人拔草,把他放在地边上,他也寻着拔草,不拔番麦①苗;大人晒了粮食,他一看见鸟儿就叫喊,走过去赶;有撒在地上的麦颗儿,他一颗一颗捡起来,拿给他娘。有时撒的粮食多,他就一直蹲着捡,大半天动都不动。金铃四五岁的时候,他哥帮着他大、他娘在地里干活,他就放牛,后来又带上割草。地里忙的时候又送饭,又帮着锄地、背粪、撒粪、点籽。

过了几年,有一天,金成大说:"金铃长大了,家里多了一双手,可金成也大了。男大当婚,女大当嫁,又得给大儿子说妇人了。"金成娘说:"全家子一眼窑,一个炕,咋娶媳妇子哩?"第二天,金成大开始给大儿子打窑。那打窑可不像挖地,不是向下使劲,常常要朝着头顶上挖。金成大踩在板凳上,抬起镢头朝顶上一点一点往下削,不好出劲不说,土往眼睛里掉。如碰到有一块大石头在顶上,那可就难收拾了。因为岁数也大了,一眼窑打成,金成大腰疼、背疼,一辈子苦下的病全都来了,吃了几服药也不见好,过世了。

金成他大的三年过了以后,金成就成了亲。金成地娘想,不管咋着,把老汉②死的时候惦记的事办成了,自己也了了一件心事。可没多长时间就看出来,这媳妇子心眼多,有啥好东西,只往他两口子的窑里藏。有啥事不叫男人和娘商量,动不动就说:"大儿子不当家,谁当家!"金成娘因为操心劳累,心上又不畅快,没有多久也过世了。

金铃自从娘死了以后,除了吃饭、睡觉,地里有活地里干,地里没活就赶了牛到坡上去。那一头老黄牛在金成娘死后时间不长也死了。家里有些事,他给他哥不好说,怕骂仗③,只好忍着。有些话给麻姐姐也不好说。他最亲密,又什么话都可以说的,就只有那头从生下来就对他特别亲的黄牛。他放牛要看到庄里的烟冒起来

①番麦:玉米 。
②老汉:常指年老的男子,此处指自己的丈夫。
③骂仗:吵架。

后烧开一锅水的时间,才回家。有时牛吃饱了卧着,他的柴草也割够了,捆好,放着,就趴在牛旁边给牛说话,那牛也给他"哞——! 哞——!"地叫着,有时给他点头,有时给他摇头。他觉得牛能听懂他的话。牛点头的事,他就做;牛摇头的事,他就不做。有一次天还早,牛朝回家的路上走,拉也拉不住。刚回家,大白雨①就来了,像勺泼的一样,沟里的水比河里的还大。从那以后他就把牛信到骨头里去了。

牛郎分家

有一天,金铃割了一大捆蒿柴,看天还早,就躺在坡上,可那牛向家里走。他也就背了柴跟着回家。一回家,看到他哥、他嫂子包了肉饺子吃,他哥说:"你嫂子给你留下着哩。"他嫂子气呼呼地把自己碗里的拨了几个给他。他吃着确实香得很。他长这么大还没吃过这么香的肉饺子。

第二天放牛,他把柴草割了一大捆放下,看时间还早就靠着柴草睡着了。他睡得懵里懵懂的,听见牛给他说话:"今儿②你哥送你嫂子转娘家去了,桌子上放着半碗饺子,灶台上放着一块饼子。那饼子你千万不要吃,里面有毒!"他一听这话,一下惊醒,看那牛正对着他看着,就说:"是你给我说话吗?"那牛点了点头。他又问:"那你怎么知道的?"问了半天,那牛只是对着天空"哞——! 哞——!"叫着,金铃也就不问了。他晚上回去,哥哥、嫂子真的都不在,桌子上放着半碗饺子,灶台上放着一块饼子。他拿起那块饼子看了一下,心想:"我把这给狗吃了,看黄牛说的是不是真的。"就拿出来扔给看大门的狗。那狗看是一块饼子,两口吃了,吃完了一下躺在地上,四条腿乱蹬、乱叫,没多长时间就断气了。他就只把饺子吃了,又吃了点萝卜啥的,睡了。半夜去给牛添草的时候,摸着牛的头说:"黄牛,真是多亏了你,没有你我早就没命了!"那牛抬起头来看了他一阵子,说:"你哥、你嫂子要和你分家了!"金铃一听牛真的对他说话了,高兴地把脸靠在牛的脸上亲热了一下说:"只要有你,我啥都不怕!"牛说:"你只要我就成了,别的啥都不要。"金铃说:"记下了!"

---

①白雨:暴雨。
②今儿:"今日"的方言。

第二天，他哥回来看见自家看门的狗躺在院里，死了，就问金铃，金铃如实说了。他哥不信。过了两天他嫂子回来，他哥问怎么灶台上放的饼子里有毒，把狗都毒死了。他嫂子说："那是我放下的，毒老鼠的，金铃拿着去把狗毒死了，又给你说是我要毒他。我看他不把这个家整散不开心！"说着要去打金铃，他哥硬拉住，她就睡到地上打滚，又哭又闹，一口一个"要分家"，又说："这屋里有我没他，有他没我！"他哥叫妇人闹得没办法，怕邻居笑话，就对金铃说："兄弟，你看这么下去也不是个样子，再说在一个锅里搅，你不放心，我也不放心。我看分就分了吧！"他哥就请了庄里岁数大一些，也识几个字的两个老汉来主持分家。那两个老汉把家里的地有多少，粮食有多少，都问了一下，就要一样一样来分，金铃抢着说："别的我都不要，只要那一头牛。"那两个老汉说："先分地，地分了，别的家当再总分成两份，你弟兄两个挑。"金铃说："两位大爸也不要麻烦了，我地也不要，粮也不要，别的家当也不要，只要那头牛。"这两个老汉看金铃没了娘老子常受嫂子的气，还有点想偏心他，看他这么犟也没办法。他嫂子走过来问："那口窑也不要？"金铃说："不要。"他嫂子赶紧说："两位老爸要在文书上写明白，不能反悔！"那两位老汉来时也带着纸呀、笔砚呀啥的，就写了"金铃自愿只要黄牛一头"。最后叫弟兄两个按了手印。那写分家文书的老汉对金铃说："前头你是个放牛的牛郎，从今儿你就真成了两袖清风的牛郎了！"后来庄里人一提起金铃来，也就都叫他"牛郎"。

牛郎织女成夫妻

牛郎和他哥哥分家只要了一头牛。分完家跑到牛圈里给牛说了分家的结果，黄牛点了点头说："我领你去一个地方。"牛郎就牵了牛出来，他哥给装了些面、粮食叫带上，说："你这几天总得吃呀！"他嫂子在窑里隔着窗子喊："白纸黑字写的分给我家的，白白送人！"金铃想不拿，但看到哥哥一定要给，怕伤了哥哥的心，就驮在牛身上。出了院，金铃只是跟着黄牛走。走到河边，饮了点水，就顺着一条河只是向南走。走了大半天，到了一个地方，一面是山，一面是水，一大片草坡没有人耕种过，牛立下不走了。牛郎向四面一看说："真是个好地方啊！"那牛也连连点头。牛郎就找了一个高一点、平一点的地方，把粮食、面啥的先卸下来，放开牛去吃草。他想砍几棵树搭一个草棚，可没斧头。他看见牛在喝水，自己也渴了，就去河边喝水，猛然看到河边上一把斧头。牛郎说："这是谁遗下的？先借上用一下。"就砍了四棵小树，拔了一些蒿草，搭了一个草棚，里头铺了一些干草，躺了下来。躺了一会儿，想该做饭了，没有锅、碗、勺咋办？出了棚子，走了几步，看见一个土坎坎儿下有一个锅，一把切刀，一把圆凿子。牛郎高兴地说："太好了！这不是打猎的遗下的就是砍树的遗下的，先借上用。用斧头和这切刀、圆凿子就能做个木勺、木碗，还可以做树皮的筒装面啥的。"他先把饭做着吃了，把牛也拉在草棚里一起睡。第二天天不亮起来，想："庄稼人有了地就有了活命。"要挖地，可没镢头咋做呢？正在犯愁，他走出草棚，看见不远处有一把镢头。他不管三七二十一，先提起来挖。一直挖到天黑，也不嫌乏。第三天天不亮，他想："这地方也平，土也软，应该做一个杠头①，我和老牛一起耕，那才快！"他提了斧头就砍了几截子好木头，用斧头、切刀、凿子做了个杠头。铧也是用硬木头削成的。他拔了些马莲，搓成绳子，给牛套起来耕地，真是顶上几个人挖。这么着，两天就开了一大片荒地。他先把带来的麦子种上。后来又用那斧头、切刀、凿子做了木锨、连枷啥的。这算是庄稼务上了，家事也大体齐整了。他看着庄稼长着，抽时间又在崖跟前打了一眼窑，住进去，把草棚移在窑跟前，给牛卧。他又砍了些柳条编了个窑的门扇，编了个牛棚的门扇；砍了些竹子，编成箩筐、簸箕、篅②。他一天也不闲，家事越来越齐整。

夏收后的一天，他提了些新麦去看哥嫂。他想是他哥哥的那些面让他一春没有饿肚子，是他哥给的粮食让他有了这么好的收成。他也惦记着关心他的麻姐姐，不知道咋样了。他哥看见他高兴得啥一样的，说常想去寻他，只是不知道到阿搭③去了，没地方寻。最后说："兄弟，你该娶妇人了。你有了妇人，我就全放下这片心了，死了的大、娘也就安心了。"他嫂子一看牛郎这么成行，也跑出来说了几句夸赞的话。他去看麻姐姐，麻姐姐又高兴又亲热，后来也劝他快一点娶个妇人，还说：

①杠头：犁。
②篅(chuán)：又作"圌"，用竹子编成的存放粮食的圆囤。
③阿搭：哪儿。

"你娶新媳妇儿要叫我呢,我帮你办喜事!"

牛郎回来,天也黑了。牛郎把看他哥嫂、看麻姐姐时大家说的话也都给黄牛说了,最后说:"我不想要妇人,我只想和你一起过!"那老牛摇着头说:"不——!不——!"又好像是"哞——! 哞——!"不过金铃能听来是说"不——! 不——!"他就对牛说:"像我这样只会种庄稼的人,谁跟啊?"那牛两眼看着他说:"有——!有——!"牛郎高兴地说:"那我就靠你了!"那牛也好像很高兴地摆着头说:"好——! 好——!"

有一天,牛郎早早起来想去砍柴,他先去开牛圈,听见那老牛在牛棚里说:"早点回来,有喜事。"牛郎说:"我能有啥喜事?"老牛说:"领你去看好媳妇,领一个妇人回来。"牛郎说:"阿搭有好妇人等我领? 是不是老天爷可怜我,从天上掉下来一个?"老牛说:"正是天上下来的。今儿有一群仙女在河里洗澡,衣裳都放在河边的石头上,你看当中有一套红衣裳,你去藏起来,好事就成了。"牛郎就牢牢记在心里。就在近处砍了一点柴,早早回来,就跟着黄牛走。他们走到一条大河跟前停下来不走了。那牛朝着上游远处看,只见前面水边石头上有一些红的、黄的、紫的、绿的各色鲜艳的衣裳,那水里头一些姑娘在洗澡。牛郎想起老牛的话,在树林里悄悄走过去,把一个石头上的红衣裳扯下来,藏在一个大石头背后。过了一阵子听见一个仙女说:"洗好了也该回去了,太迟了王母知道了可了不得!"接着听见吵吵闹闹找衣裳、穿衣裳的声音。过了一阵听见一个说:"我先上了。"又一个说:"我也先上了。"接二连三地。牛郎抬头看见一朵一朵的云彩上面都站着一个仙女升到天上去了。忽然听见一个仙女说:"我的衣裳咋寻不着了?"一个说:"细心点寻,看风刮到啥地方了。"又说:"快一点,太阳一偏西,王母就要派仙官查看来了,我也先走了。"看来只有那丢了衣裳的仙女一个了,牛郎便走出来说:"仙女,你莫怕,你的衣裳在这哩!"那仙女扯着一条手巾堵在身前,说:"快还给我! 快还给我!"牛郎说:"我听老人说,女儿娃①的身子不能叫人看着,谁看着了就要嫁给人家呢。今儿我看着了,你

---

①女儿娃:姑娘,当地方言。

还不嫁给我？别的仙女都早就上天了，你后面去，说不定还要受罚呢！"这时候那老黄牛也走过来，把那仙女的衣裳用角顶上，走到仙女跟前，让仙女穿上，又抬起头看着仙女，像给仙女说啥话一样。过了一阵，那仙女就对牛郎说："那好吧，我答应你。"牛郎一听比天上掉下来一座金山还高兴。他们就一起回了家。这时候她才给牛郎说，她是玉帝和王母娘娘的外孙女，在天上织云锦，大家都叫她织女。

牛郎、织女一到家，织女就把窑里里外外打扫得干干净净。牛郎把家里多余的粮食拿到集市上卖掉，买来了碗、碟、灯台、针线啥的。

桑树湾和卧牛嘴

牛郎和织女有一天转到一个山湾，看到一棵桑树上爬着好些蚕，树杈上缠了好些丝。织女取来簸箕、箩筐，里头放了些桑叶，把蚕全部捡在里面，都端回家。那桑树也多，蚕长得快，当年就收了不少丝。这个地方就是现在的桑树湾。牛郎给织女说，麻姐姐是捻麻线、织麻布的能手，周围多少个村庄没有赶得上的，织女说："干脆把麻姐姐请来，住得近一点好商量，相互教。"牛郎就跑了一趟，一来给哥嫂说有了妇人，二来把麻姐姐请了来，借了他哥的牛车，把纺车、织布机、锅、碗、勺啥的一下全拉来了，织女和麻姐姐一见面，亲热得像姊妹一样。他们三下两下把麻姐姐的纺车、织布机支了起来，麻姐姐做了一阵让织女看。织女也着实夸了一番。可织女纺的是丝线，织的是锦，这种纺麻、织麻布的机子用不成，就请来一个木匠，织女给指说着，做了一台纺丝线的纺车，一台织锦的机子。那麻姐姐就在北面长了些白杨树的山下安了家，种上了麻。她也学织女用丝织花样的手法，在门帘、褡裢上织上花边，你看现在麻布褡裢上有蓝的、黑的、红的花纹，就是传下来的麻姐姐的手艺。那织女织的锦拿到集市上去，人都围着看，那些官府的人、商户家也都抢着要。周围村庄一些女儿娃，远处一些想学织锦巧手艺的人，也都寻着来，让织女教，织女也都给细心教。有些家道差一些备办不起丝线纺车和织锦机的，到麻姐姐那里去学纺麻线、织麻布的手艺。来的女子娃，还有远近的人，说起织女都叫"巧娘娘"，简直像神一样。因为那地方最早只有牛郎家一口窑，就把那地方叫"牛家窑"。有些中等人家里只有女子，还有的虽然有儿子，可只有一个女子，惯得很，就为了女儿学织锦,搬到牛郎家附近,那地方人家也就多起来,也盖了些瓦房。麻姐姐种了麻的那地方叫麻子坡,最早住了的地方,现在叫杨麻村,旁边那个山叫杨麻山。

织女和牛郎成婚三年,先后生了两个娃,一儿一女。和牛郎一起长大的那个老牛在草滩上吃草的时候忽然病倒起不来了。牛郎从来到世上就是和这头牛一起长大的,看得比亲人还亲。他要去请兽医,老牛说:"不要请了,我的阳寿到了。要活到明年,就要增加罪过呢。我死了以后,你把我的皮剥下来,放好,如有啥事发生,你把我的皮披上,可以救急。"说完就咽气了。牛郎掉着眼泪给牛磕了几个头,也就按牛说的把皮剥下来,把尸体埋了。埋那老牛的地方,现在叫"卧牛嘴"。山嘴下面的那个滩叫"卧牛滩"。

牛郎织女天河会

地上一年,天上一天。牛郎织女在一起总共过了三年,也就是天上的三天。那野鹊①在秋收后上天报告收成的时候,一路喊:"织女下凡,喜结良缘,教人纺织,胜当神仙!"这叫王母娘娘派去查看织锦事务的仙官听见了,报告给王母,王母把众仙女叫来问,众仙女知道瞒不住了,如实说了,王母气得不成,招呼了一位天将领了天兵,到汉水上游去抓织女回来。

那天将天兵驾云到了牛家窑上空,看到牛郎正帮织女拐丝线②,织女伸着两只胳膊上面套着一圈丝线,牛郎在拐。那天将叫天兵打了几下天鼓,晃了几下风火镜,雷声震天响,闪电像一把大刀子如飞地在天上扫过。牛郎赶快把线拐给织女,到场上去收拾晒着的麦捆子。看牛郎走开,那天兵一下落到院里,把织女驾上登云而起。正在门外玩的两个娃一看下来两个怪物把他娘驾起,都哭着喊了起来,叫着"娘",朝上伸手追了几步,却没办法升起来,够不着。织女大喊:"我的娃!我的两个娃!我不去呀!"那牛郎才走了几步,听见喊声一回头,看到有天兵天将把织女驾着腾空而起,赶快拼命跑回,紧急中想起牛临死时说的话,赶快把牛皮取出来披在

---

①野鹊:喜鹊。
②拐丝线:用线拐缠丝线。

身上,门前有两个担菜的箩筐和扁担,他把两个娃前后各放了一个,担上朝前跑了两步,就腾空升起了。牛郎使命追,追到南天门上,看到王母早等在那里。那王母看到牛郎快要追上,便取下头上的簪子来,朝前一划,一下出现了一条大河,那水浪翻腾着,把牛郎和织女隔开了。

王母向玉帝报告后,玉帝因为织女私自下凡婚配凡人,违反了天条,命她长年织锦来悔过、消罪,再不能夫妻相聚。王母又怕她偷偷越过天河会见牛郎,收了她腾云驾雾的本事,使她虽在天上,却和凡人一样。这样,牛郎带着两个儿女天天在天河边上叫唤①着,眼泪不得干。

再说那比牛郎迟几天生下来的那个黄牛,本是金牛星下凡。他与牛郎只差了两天落地,感情最深。他听说织女被强行召回,又让织女不再与牛郎见面,就去寻太白金星,说牛郎如何勤苦老实,织女在人间给无数女子、妇人教纺织、缝纫的手艺,替老天爷行好,为老天爷养民,是有功的;嫁的是凡人,可凡人也都是老天爷的子孙,并不违反天地大德,请太白金星在玉帝前劝说一下。太白金星一听,说得都有道理,又怕自己一个人去说,玉皇大帝不听,就又去寻太上老君,寻着,按金牛星说的说了一遍。太上老君说:"下嫁凡人,自是违犯天条。可如让夫妻永世隔离,母子永世不见,也违背阴阳合和、天伦和顺之理。你我应该上奏玉帝才是。"

两个人就一起到了灵霄宝殿,向玉皇大帝奏了一本。玉皇大帝想了一下说:"按你二位的意思该咋办?"太上老君说:"牛郎反正已经跟上天来了,不如把他留在天上,让他照管天下农事;牛郎、织女已经成了夫妻,至少要叫他们每年相聚一次。"玉皇大帝说:"那么啥时候叫他们相会合适?"太上老君说:"夏收以后、初秋以前农事稍闲,就在七月头上让他们相会吧。既已占七,顺七而行,就在七月初七那天让他们相会。"玉皇大帝也就准了。

两个下殿以后,才想起织女已经没有了腾云驾雾的本事,怎么能渡过天河呢?想再回去上奏,怕玉帝嫌他们没完没了纠缠,一讨厌,把前面已经准了的也收回就

①叫唤:哭。

麻烦了。太上老君说:"我已经把大事办成了,剩下的这点事,你就想办法吧。"太白金星没办法,去寻金牛星,金牛星想了一下,把野鹊在天上传言的话说了一下,太白金星说:"有了!"便把鹊王叫来说:"你们在天上说了牛郎织女成亲的事,弄得人家夫妻分离,织女也不能腾云驾雾了。现在玉帝准许他们一年相会一次,只有让你们想办法了。"鹊王便把野鹊全召集起来说:"大家在七月初七都上天来,在天河上搭上桥,让织女过桥去和牛郎相会。"七月初七这一天野鹊就全都飞上天去搭桥,织女过桥去和牛郎相会,牛郎也等不得,急急从这一头跑过去迎接,他俩在鹊桥上抱头痛哭起来。就因为这,每年七月七野鹊一个也看不到,等七月七一过见到野鹊,那头上的毛都没有了,那就是叫牛郎、织女,还有他们的两个娃踩掉了。野鹊往天上飞以前要在一个山湾里聚起来,那个地方现在叫"野鹊湾"。为啥现在娶媳妇儿的都爱在屋里贴上野鹊的画儿,就因为野鹊爱报喜,最后又给牛郎织女成就了好事。七月七下雨,那就是织女、牛郎的眼泪。

织女和牛郎见面以后,就给麻姐姐托了梦,说他们相会了,她想念麻姐姐,想念人间的众姐妹,叫大家用心纺织针线,学伶俐一些,学会勤俭,都能找一个好下家①。就因为这,每次乞巧都要请麻姐姐,通过麻姐姐问看巧娘娘有啥吩咐呢。麻姐姐种麻、纺麻线的地方现在叫"麻子坡",那里的麻长得好,那里人织麻布、做麻布门帘啥的手艺也高。只是后来又知道用麻子榨油了,纺麻线、织麻布的手艺也都提高了。还有,那织女在天上织锦的地方,牛郎在天上隔着河远远看织女的地方,那影子落在了地上,这两个地方都慢慢地高了起来。七月七鹊桥的影子也照到地上,把两个地方连起来。七月七我们看那云华山的天桥,也有那云影落在上面,那就正是牛郎织女在相会。还有那金牛星投过胎的那种牛只有泾河上游有,现在那里的牛还是比别处的牛个头高,那毛色也黄里透红,简直像枣红马一样。牛郎家是从那里迁来的。

说明:上面六个传说故事,其中《牛郎分家》《牛郎织女成夫妻》《桑树湾和卧牛

---

①下家:夫家,包括丈夫和家庭两方面而言。

嘴》《牛郎织女天河会》是本书作者1958年据其伯母赵卢氏(1902—1984,娘家在西和县城西南冯家庄,家庭妇女,文盲)、三舅父贾长安(1903—1983,西和城西南面南家崖人,农民,初识字)、孔世(西和北关人,初识字,卖鸡肉为生)、何某(西和东关人,能吟诵古书,染匠)等人所讲,并吸收了其他人讲说的一些细节,将麻姐姐的传说也加进去,于1959年整理而成。这四个故事刊于当时称作西礼师范学院附中(西和中学龙凤分校)所办《百花园》第5期(1959年5月)。1963年秋,整理者在甘肃师大中文系上学期间,拿给写作课教师蔚家麟先生看过。蔚先生是钟敬文先生在20世纪50年代初所带的首届民间文学专业研究生。根据蔚先生的意见,对搜集资料有所调整。又根据庆阳一带有关传说增写了《西庄和麻姐姐》《牛郎和神牛》。近几年,我又根据黄英所搜集同一传说的有关资料做了适当的调整与订补。

牛郎织女的传说广泛流传在甘肃、陕西一带,虽然在细节上会有些差异,有的也只讲其中一两部分情节或以其中一两部分为主,但从整体上说是基本一致的。故事的讲述者根据自己的生活经历、情感倾向对其中某一两部分感兴趣,或者能讲得有声有色,而对其他部分只做一般性交代或竟略去不说,这是民间故事讲述中常有的现象。有时,传说也会受到戏曲或文人所讲有关情节和思想观点的影响,这些都是正常的。我们在民间传说故事的采集中也应遵循"去粗取精、去伪存真"的原则,在一定的地域范围中采集多个"版本",补其缺,正其误,恢复其流传主体的原貌。

(三)《西和乞巧歌》

《西和乞巧歌》所载20世纪30年代以前的乞巧歌中,生动地反映了长期封建社会中妇女的命运与反抗情绪,突出地表现了对妇女缠脚、男女婚姻不自由、童养媳等陋俗和旧的婚姻制度的严厉批判。当然,这些乞巧歌不仅反映了陇南一带生产、生活风俗,还反映了清末以来老百姓反抗苛捐杂税、抨击贪财枉法之徒和贪生怕死、在全城人处于危难情况下借机逃跑的官吏等的历史事实。其中,关于当时地方势力割据下为争夺地盘给老百姓所造成的灾难,以及民国政府用种种办法盘剥百姓的情况的记述,比起民国时代留下的一些文献更真实可信。

从《西和乞巧歌》可以看出,西和乞巧节在历史上完全是青年女子表达自己对生活的愿望、表现对旧礼教的不满和对社会现实的关心,展示自己才能的女儿节。

20世纪30年代以前乞巧歌的思想内容大体有以下几类:

1. 对生活、生产经验及社会生活变迁的反映

乞巧歌中很多作品总结了西和一带的物候、生产、社会生活的经验与生活哲理。姑娘们在传唱中学习生活和生产的相关知识,如《二十四节气》:

> 观山①顶上响铜钟,正月头上要立春。
>
> 残雪只在高山嘴,立春一过是雨水。
>
> 惊蛰一到炸雷响,出窝的蜘蛛又盘网。
>
> 春分昼夜一样长,脱下滚身子②换春装。
>
> 放起风筝天上晴,三月清明要上坟。
>
> 谷雨梨树开了花,家家点豆又栽瓜。
>
> 水萝卜儿刀切了,立夏的麦子起节了。
>
> 立夏的谷子小满的糜,四月的树木八叶儿齐。
>
> 芒种一过天气长,夏至到了农活忙。
>
> 六月里麦子满山黄,小暑大暑热难当。
>
> 立秋一过是处暑,嫩番麦扳上锅里煮。
>
> 八月咕噜雁天上飞,白露高山好种麦。
>
> 秋分一到天气凉,白天黑夜一样长。
>
> 寒露一凉给信哩,霜降一冷要命哩。
>
> 十月立冬河冻了,懒干③的日子难混了。

---

①观山(guàn):西和城东面的一座小山,山上有朝阳观,清代以前所建。太平天国起义中尽毁,仅留古柏一株,光绪三年重修。

②滚身子:方言,大襟棉袄。大襟指左襟掩右襟(右襟窄),右侧有纽扣扣起。与对襟不同。

③懒干(gān):方言,懒汉。

小雪大雪连上落,羊毛帽子加窝窝①。

十一月冬至要数九,三九四九冻破手。

小寒一过是大寒,家家准备过大年。

《正月里冰冻二月里消》《九重阳》等也属此类。姑娘们从小从这些歌词中获得了季节物候知识。

乞巧歌词中还把西和各地的特色写了出来,如《大姐成到南门下》中,点出了西和各地的手工行业:东门下成堆的铁匠铺,水沟下家家都挂粉(做粉条),老庄里人全会做鞭炮,叶家大路上的挂面出名,王家磨人做的豆腐,姜席川人的擀毡,晚家峡的织笋儿,将军山的编窠笋子,晒经寺的编席子等,这些都是多少年中形成的副业生产习俗。一个庄有一个庄的工艺代代相传,其他地方很难赶上。

还有西和各乡出名的特产,也见《枣儿树上结枣哩》一首歌词中,姑娘们把西和"六巷的柿子是金黄,十里铺酸梨儿闻着香。上庄里拿的八盘梨,下庄里拿的化心梨"都献给巧娘娘。在《姊妹几个打秋千》中,"大姐力猛虎生风,二姐高起龙翻身。三姐轻飘鹰点水,四姐长裙龙摆尾。长裙飘起风呼呼,四姐娃露出了红短裤",将姑娘们憨态可掬的神情刻画出来。

直接描写劳动生产的也很常见。如《摘豆角》中"热头(太阳)出来一盆火,提上笼子摘豆角"。《自己的下家自己寻》中"四月里来好天气,妹妹地里锄洋芋。洋芋苗苗开白花,人人都夸好庄稼,庄稼越长人越爱","三把镰刀割禾田,禾田麦子割上场",都洋溢着一种乐观、愉快、自信的情绪,体现出农民在看到自己的劳动果实后的一种幸福感。其他歌词,如《正月里冰冻二月里消》《庄稼汉》《送早饭》等都有描写劳动的场景。

2. 赞颂"美"与"巧"的化身——巧娘娘

在西北很多地方,织女被称作巧娘娘。首先,织女成了勤劳、灵巧的化身。其次,由于她违抗王母之命下嫁凡人,因而也成为封建社会千千万万女子反抗包办婚

---

①窝窝:一种前有中缝夹棉的棉鞋。

姻,争取婚姻自由的精神力量。因而,织女在女孩子心目中有着极美的形象。在乞巧期间,姑娘们通过举行各种活动,乞求巧娘娘赐予她们聪慧的头脑、灵巧的双手。乞巧的"巧"在审美层面上呈现出多层次、多角度的特点,而姑娘们所尊崇的"巧娘娘"正是这种多层次、多角度的"巧"的化身。

　　姑娘们把巧娘娘的头发、眉毛、眼睛、鼻子、巧脚等一一道来,短短几句,一个形象逼真、真实可感、活生生的巧娘娘就站在我们面前。这就像是一个擅长丹青的画家,寥寥几笔,一幅古代仕女图就出现在你的面前:

> 头上的青丝如墨染,两股子眉毛弯又弯。
>
> 杏核眼睛圆又圆,线杆儿鼻子端又端。
>
> 窝窝小嘴一点点,糯米牙子尖对尖。
>
> 两只耳朵赛牡丹,耳坠子掉在两脸边。
>
> 鸭蛋白脸真稀罕。脖子上戴着银项圈。
>
> 上穿红,下穿蓝,身材端得像竹竿。
>
> 手里提着个花手巾,叫人越看越心疼。

又如,站在莲花台上的巧娘娘更是别有风韵:

> 巧娘娘脚登莲花台,……
>
> 左手拿的蝇刷子,右手拿的牡丹花。
>
> 上身穿的大红袄,下身穿的龙凤裙。

下面还说到巧娘娘"三寸金莲站得端",这是有着深刻的历史根源的。女性的脚并不是天生下来就是"三寸金莲",而是通过人为的缠足,使脚背拱起,让脚尖与脚跟相靠,而使脚底变小。民国以前,汉族各地妇女几乎都有缠足的风俗,尤其在城镇更为普遍,成为女孩子成长中必过的一关。有些与汉族杂居的少数民族妇女也受汉族风气影响而缠足。

　　姑娘们为了让自己心目中"美"的化身更加美丽,他们还想象给心目中的女神"梳油头":

> 一碗油,两碗油,我给巧娘娘梳个头。

　　　　两面梳的凤展翅，中间梳个钟鼓楼。

　　　　瓦眉儿①前头黑油油，后面狮子滚绣球。

　　　　银盘肠儿②上面插，两面两朵牡丹花。

结果巧娘娘对姑娘们的手艺很是满意，"金耳坠子吊着哩，巧娘娘朝我笑着哩"。俗语说"三分的长相，七分的打扮"。姑娘们在赞美巧娘娘容貌之时，也对巧娘娘服饰之美进行了赞美，含蓄地传达了她们内心对华美服饰的追求。如：

　　　　巧娘娘的好云肩，云肩背后织牡丹，走路活像李翠莲。

　　　　巧娘娘的好罗裙，罗裙背后织朵云，走路活像鹞翻身。

　　　　巧娘娘的好衣裳，四角子折起包麝香。人又年轻话有腔。

这实际上是借着咏唱巧娘娘而唱出自我设计的少女、少妇形象。再如：

　　　　两耳垂的是金环，脖子里围的银项圈。

　　　　上身穿的八昙花，下身穿的似红莲。

　　　　月白膝裤大牡丹，十二个飘带扫地边。

　　　　大襟边子做得宽，丝线盘花一串串。

称赞巧娘娘的服饰之美，也将对巧娘娘的赞美与自身的行动结合起来。姑娘们对乞巧节这个展示自己魅力与才能的难得机会是相当重视的。希望巧娘娘赐予女红等方面的才能。

　　在姑娘们看来，巧娘娘是她们在女红与生活方面学习的榜样。姑娘们期望巧娘娘教会她们做针线、织花布、绣花鞋、裁衣服、做茶饭，赋予她们"一双好巧手"。这就表达了姑娘们向巧娘娘学习的迫切愿望。像《巧娘娘教我绣一针》《扎花》《姊妹绣花》《织手巾》《绣扇子》《绣荷包》《织绫罗》等，就是唱巧娘娘给姑娘们教女红和姑娘们学习女红的情景。《三刀表纸，一对蜡》中，姑娘们对巧娘娘是无比信任的，"裹肚子，绣花鞋，心上巧了样样儿来。样样儿给我教会了，这一辈子算对了"。

---

①瓦眉儿：方言指女子罩额的头发，即刘海儿。"瓦"读去声。
②银盘肠儿：妇女头上插的一种银制首饰。

　　在姑娘们看来,巧娘娘不仅女红做得好,而且生活方面的能力也很突出。《迎巧歌》中说"端水来啊泡茶来,快请巧娘娘传艺来",就表达了希望提高做饭、待客能力的愿望。身处农村的姑娘,由于家庭条件等世俗因素的限制,没有机会到学校去读书,通过"巧娘娘给我教文章"委婉地表达出姑娘们对读书的渴望。姑娘们的歌唱中巧娘娘不仅女红、茶饭和文化素养好,而且在生活中是"样样活儿都不怕"的能干妇女,这实际表现了姑娘们自己的愿望,希望能够抵御家长、丈夫的歧视与压迫。再如:

> 七月初一天门开,请我巧娘娘下凡来。
> 巧娘娘教我本事大,样样活儿都不怕。
> 一会种菜籴粮食,二会写字把画画,
> 三会纺线来织布,四会浆洗剪窗花,
> 五有一手好茶饭,六会喂猪养鸡鸭,
> 将来到了公婆家,左邻右舍把我夸。

在这里,巧娘娘是什么都会,什么都能教好,可以使姑娘成为一个"样样活儿都不怕"的多能者。这无疑拉近了巧娘娘与姑娘们之间的距离,更加贴近妇女们的人生愿望,表达了姑娘在学习才艺方面的决心。也有的姑娘觉得自己愚笨,遭人愚弄,希望巧娘娘教她、赐予她聪慧的头脑:"新香炉,新供桌,我乞巧娘娘心病多。我敬巧娘娘啥心病,再不叫精灵人戏耍了人。巧娘娘,驾云来,给我教针教线来。"

　　在《我给巧娘娘许心愿》和《照花瓣歌》中,对"巧"与"不巧"的预兆做了说明:"巧了赐个花瓣儿,不巧了给个烂扇儿。巧了给个绣花针,不巧了给个大洋针……"在姑娘们看来,花瓣在碗中的投影隐喻着她们未来的"巧"与"不巧":投影图案为针线、剪刀、笔砚时,则表示心灵手巧;为铲子、棒槌、锄头时,则表示心笨手拙等。本来是乞巧,为什么又说"巧了赐个什么","不巧了赐个什么"呢?这里实际上隐含了一个意思:巧娘娘如果认为我努力学习了,认为我心诚就赐给我巧;如果认为我不够努力,心也不诚,那么就赐给我一个不好的东西,我再努力。图像出来以后,而姑娘们对带有吉利、祥瑞的投影图案,往往表示羡慕、夸奖、祝贺;带有晦气、不祥的投影图案,则不愿直言。可见,参与乞巧的姑娘都无一例外地希望自己得到巧娘娘"巧"的点化,也包含着以后要不断努力,认真学习的心愿。

由此看来,姑娘们在赞美巧娘娘的同时,也将自己对未来幸福生活的向往融入其中,希望自己像巧娘娘一样心灵手巧,聪明能干。巧娘娘成了姑娘们出嫁之前在女红、生活方面学习的榜样。乞巧活动也为姑娘们娱乐身心、自我倾诉、提升自我提供了一个良好的平台。

3. 西和县的历史记忆——抨击社会恶习和反映重大事件

这方面突出的反映鸦片危害的《洋烟歌》:"卖儿卖女根断了,把家吸得烂散了。"今天所能见到的20世纪三四十年代的作品中有好几首,都十分精彩。如反映旧社会抓壮丁的《抓壮丁》:

> 年年打仗抓壮丁,干骨头上抽瘦筋。
>
> 半夜里打门心上惊,抓壮丁的进了村。
>
> 朝天打了两三枪,吓得鸡飞狗跳墙。
>
> 天生下的苦命人,翻墙逃跑没跑成。
>
> 五花大绑粗麻绳,把人交给中央军。
>
> 又挨打,又挨饿,当兵的日子实难过。
>
> 丈夫抓兵妻悬梁,害得一家散了场。

而《孔司令要倒沙儿钱》一首,对地方势力想尽一切办法搜刮老百姓的行为给予彻底的揭露,可谓淋漓尽致。另一方面,对好的人和事也有赞扬和歌颂。如《西和有个王把式》《蒋旅长进了西和城》。

社会生活中的一些重大事件在乞巧歌中也有反映。《光绪逃西安》反映了晚清时代全国的一件大事;《七月十五起红煞》反映了西和县清末的一次抗捐税事件,起事农民打了知县,并打死了衙役;《冬至过后第七天》反映了县城民众自发组织抗击土匪王佑邦的事;《五黄六月起黑风》和《立秋以前地动哩》反映了较大的自然灾害,都反映出20世纪初期西和少女关心地方政事、关心国家安危的良好心愿。特别值得注意的是《西和乞巧歌》书后还附有20世纪40年代的乞巧歌,其中有反映红军过

境的《红军长征过西和》:

由于长期封建社会中妇女从小所受沉重的压制,所以乞巧歌中歌唱现实的歌大都是抑郁、沉闷,甚至愤怒的情绪,而这两首却表现出少见的轻快、欢乐与豪迈。看来,在1936年陇南的姑娘们已从中国工农红军身上看到了中国的希望。

4. 歌颂不屈爱情

在乞巧歌词中,也有些历史与传说故事,特别是那些以爱情为主线的民间故事,如《牛郎织女》《孟姜女》《梁山伯与祝英台》等,它们反映了妇女们的生活悲剧,也一定程度上表现了妇女们的愿望,在传唱过程中也融入自己的真实感受。

在乞巧的姑娘们心中,织女不仅容貌美、心灵美,而且也是敢于寻找自己的幸福,私自下凡与牛郎成亲。姑娘们在乞巧歌词中,充满对巧娘娘争取婚姻自由的赞美,同时也希望她们有情人终成眷属。牛郎织女之间的爱情遭遇引起姑娘们的深深叹息。在乞巧歌词传唱过程中,牛郎织女的民间故事随着姑娘们的歌声唱遍了西和大地。

《西和乞巧歌》中的歌词,抒发了姑娘们对现实生活的真实感情,突出地表现出希望婚姻自主、生活自立、参与家庭和社会管理的愿望。

(四)乞巧活动对于女性发展的意义

1. 提高女性的女红等生产技能

20世纪40年代以前,陇南各县女孩子上学的极少。出嫁当媳妇的妇女在丈夫家中不仅没有发言权,更没有走向社会、评论家族事务、社会活动的权利。未出嫁的姑娘也不能轻易抛头露面,比如正月里给各亲戚家拜年,都是打发男孩子去,没有让姑娘去的。一些大户人家家里来了拜年的,也常是男孩子在正屋里、院里走来走去,姑娘们或在内室,或在厨房帮忙,所以收压岁钱也基本上是男孩子的专利。讲新闻,评时事,创作诗歌,锻炼社会交际、组织能力,这些似乎也都是男孩子的专利。

但是,每年乞巧节的七天八夜及此前准备的几天,加起来至少有十来天,女孩子们会有走出家门的机会。每个地方的乞巧点都是以街道、巷道、村庄为中心形成的。谁家的姑娘多大了,什么属相,人们都知道。20世纪40年代,十七八岁是未出嫁姑娘中年龄大的,有很多十六七岁便出嫁了。每一个点上的姑娘从五六岁开始见习乞巧活动,到十来岁上正式参加,十七八岁因出嫁退出乞巧活动,就像学校一样,每年有新生加入,每年又有毕业学生。乞巧队伍的骨干也是年年有退出的,年年有新成长起来的。一些热心的已结婚的青年、中年妇女也多是当年的巧头,或者乞巧点上某方面的人才、主要人物,即使早已退出乞巧活动,也会积极支持,出点子帮助解决问题,甚至参与某些环节(如跳麻姐姐中照料主跳姑娘等)。这些人就像老师、辅导员,她们会在整个乞巧节中指导小姑娘,包括种凤仙花、生巧芽、绣鞋面、做鞋、梳妆打扮。所以,整个乞巧活动,就像是姑娘、媳妇们自己组织的自修学校。

姑娘们的学习、提高主要体现在下面几个方面:

(1)绣花(扎花)

"绣花"是西和妇女喜爱的传统手工艺之一。西和妇女在衣饰、枕头面子、裹肚、鞋帮、烟袋、裆裤、门帘,以及小孩和年轻妇女的袖口、襟边、裤腿下缘上面用各种彩线绣成各种优美的图案,因为姑娘们乞巧要穿花鞋、花衣服、花裤子。民国以前,陇南一带妇女都穿大襟衣服,襟边、裤腿边都有一两寸宽的花边。女孩子从小要见习和学着做各种手工艺。对当地女孩子来说,乞巧节比春节更重要,更有意义。所以,乞巧节前,大些的女孩子就在家里大人、姐姐、嫂嫂、母亲的指点下做新鞋,也参与其他的活计。乞巧歌中就有不少反映女孩子学习女红的作品,如《眼看就要乞巧哩》:

　　眼看就要乞巧哩,大姐说着还早哩。

枕头鞋垫

逼着赶出一双鞋,咯噔咯噔扭着来。

另一首中说:"一碗凉水大家喝,扎花的丝线各㧈(dèn)各。"20世纪50年代以前,妇女称买线为"㧈线"。这两句唱词说明姑娘们平时在一起做女红活计,盛夏之时舀了一碗凉水,谁渴谁喝,而用的花线则各自买。这不仅说明乞巧歌中注重描写女红的内容,也反映了由此而带动的西和女性对女红的重视和聚集一起绣花、互相学习的情况。

西和绣花历史悠久。妇女十分重视刺绣,西和当地所谓"贫者小绣,富者大绣"。女儿出嫁更是讲究陪刺绣品,大户人家是八副枕头、八双鞋,枕头、鞋面也要绣花,有的还有绣花被面。

绣花鞋。20世纪40年代以前,妇女不分老幼都穿绣花鞋。除七八岁以前女孩子所穿为圆头花鞋,在前部绣花,向鞋帮两面延伸,七八岁以后就开始穿前头尖小的绣花鞋。姑娘能否做绣花鞋,是考量姑娘女红水平的一个重要方面。所以她们从小学习绣花,最先开始的就是学习绣鞋面子。所绣图案一般为各种花卉,如菊花、莲花、梅花等。现在旧式绣花鞋已没有人穿了,但又有绣花便鞋、凉鞋及各种凉鞋(由过去农村中青年穿的麻鞋改造发展而来)。

绣花枕头。传统的枕头从两头看是方形,各有一个绣花的面子。因枕头白天置于叠起的被子两端,总会有一头枕头面子向外,所以客人易看见,人们对它的绣花水平也就格外关注。

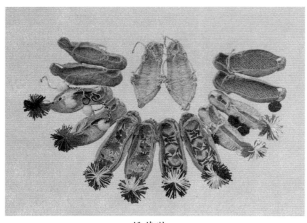

绣花鞋

裹肚子。它是20世纪50年代以前城乡男女老幼都有的一种护胸、护肚子的穿着,上部为梯形,下部为圆形,上部两角有一带子,可以套在脖子上;中部两面有带子可以系于腰后。无论春、夏、秋、冬,穿上它胸部不着凉,不咳嗽,肚子不着凉,不会拉肚子。成人的裹肚上多有一口袋用以装钱,又保险,取起来也方便。

　　绣花的图案多取材于花草虫鱼、鸟兽飞禽,如"菊花与葡萄""鱼钻莲""蝶恋花""鸳鸯戏水""锦鸡牡丹"等。《西和乞巧歌》中《头上的豆儿脚下的瓜》一首说:

　　　　头上的豆儿脚下的瓜,姊妹坐下来扎花。

　　　　扎花要扎扣线哩,扎下的花儿动弹哩。

　　　　扎花要扎金绛哩,要扎两只鸳鸯哩。

　　　　扎花要扎老金黄,菊花落了一衣裳。

　　　　扎花就要麻霞哩,要扎十朵莲花哩。

　　　　十朵莲花九朵开,将有一朵没开开,放到院里风吹开。

又《我敬巧娘娘心最诚》:

　　　　我敬巧娘娘心最诚,巧娘娘教我绣桌裙。

　　　　桌裙八仙桌上挂,四川的缎子满天红。

　　　　巧娘娘教我绣一针,一绣蓝天一朵云。

　　　　寅时下雨卯时晴,山青水绿花儿红。

　　　　巧娘娘教我绣二针,二绣鸳鸯两情深。

　　　　上面开的并蒂莲,水里一对鸳鸯影。

　　　　巧娘娘教我绣三针,岁寒三友最精神。

　　　　雪里梅花风里竹,南山的松树万年青。

　　　　巧娘娘教我绣四针,文房四宝要绣成。

　　　　笔墨纸张写文章,砚台上面四条龙。

　　　　巧娘娘教我绣五针,五绣五谷都丰登。

　　　　麦子穗穗五寸长,架架番麦赛黄金。

　　　　巧娘娘教我绣六针,六畜兴旺满院春。

　　　　鸡飞狗叫猪满圈,牛羊满山马奔腾。

　　　　巧娘娘教我绣七针,七绣野鹊在高空。

七月初七把桥架，牛郎天上会亲人。

巧娘娘教我绣八针，八仙过海显神通。

八个神仙八件宝，各坐宝贝大海中。

巧娘娘教我手段高，巧娘娘替我把心操。

就是我不能乞巧了，巧娘娘恩情会记牢。

这可以说就是"绣花构图经"，是女孩子学绣花的教材。

中华人民共和国成立后兴起了刺绣，用绣花针的已较少见。刺绣作品在民间买卖流通，大多注重实用。改革开放后，民间刺绣花样增多，有枕套、鞋垫（袜垫）、床单、窗帘，录音机、电视机、洗衣机的套罩，沙发罩等，上面也扎花绣字。据1985年市场调查，石堡乡深沟村大多数妇女从事这项工作，当时一个女性的刺绣年均收入甚为可观。刺绣产品除供应本县、本省的市场外，还远销青海、新疆、宁夏等民族地区。

20世纪40年代，西和城里从事搓丝线、染花线的商户有30多家。西和当地绣花风气较盛，丝线加工小作坊也多。常年有专业户将花线销往宁夏、青海、新疆等省区。不过，西和的大桥、石峡等虽也养蚕，但近代以来丝的产量甚微，西和、礼县一带所用的丝主要是从陕西省的略阳、汉中和四川省远道贩运来的。

（2）纺线织布

20世纪40年代以前，西和县所用棉花是从陕西三元等地运过来的。全县大部分乡镇在过去都能纺线、织布。到了现在，西和全县虽然能种麻，但棉花只有大桥能种，养蚕的地方也是只有大桥。

20世纪50年代以前，西和有纺线、捻线两种制线法。纺线又有机纺与手纺两种，有纺纱机的人家很少。1944年，伪县长王汉杰串通农贷指导员齐牖民，硬性向农民推销王汉杰的亲友天水人张吉人试制的四链纺纱机，但经个别人使用后证明根本不能用。当时的乞巧歌有一首唱道：

织布

张吉人,实不吉,吹牛制造纺纱机。

一摇四根三根断,枉费功夫枉费力。

官老爷,硬性摊,害得多少人破了产。

衙役乡丁门上敛,气得穷人叫老天。

20世纪40年代以前,棉线以用纺车手纺者为多。纺车上有纺轮,纺线者右手摇与纺轮中连接的摇把,纺轮上有带子带纺锤,用手引线通过纺锤转动,捻好之后缠于纺锤上。纺好之后,再将多股线合为一股。过去西和女性夏秋之时在院中月下纺线,天冷时在灯下纺,冬天常到深夜。白天地里无事,在室内、檐下、院中纺线的妇女也不少。《卢家的大姐会扎花》一首中说:

卢家的大姐会扎花,扎了个老鼠啃西瓜。

二姐扎了个红芍药,媒人夸她手艺高。

只有三姐不会扎,摇动纺车纺棉花。

一天纺了四五斤,老娘一听开了心。

拿过一看没好气,拴牛的麻绳比那细。

这是对纺线技术太差的姑娘的讽刺。通过这首乞巧歌也可以看出,在陇南农村,手巧的姑娘是纺织能手,而纺线是最基本的技巧,因为这也是女性婚后生活的重要内容,所以在乞巧活动中很自然也会交流这方面的心得。

农村妇女在纺线之外还有一个活计是捻麻线。捻线,多用线杆子,可随身带上捻,妇女们常常一边走路一边捻,或一边说话一边捻。

西和织布过去主要是织棉布,也叫"白大布",一尺多宽,可以做单衣、单裤的用料及棉衣、夹衣的里子,也可以染成黑色或蓝色做棉衣、夹衣的面子。讲究的蓝底上面还有白色的梅花、菊花之类的图案。

《西和乞巧歌》中有一首《草青花红艳阳天》就是唱道"提花织机支窗前,姐妹两个显手段。"其中说:

> 一年到头说女红,不吃不睡要成功。
>
> 姐姐上机抛飞梭,妹妹挽花来提综。
>
> 前织崆峒一座山,后织黄河波浪宽,
>
> 宝剑插在三江口,吓死海怪在沙滩。
>
> 再织一个青海湖,仙山玉树绕一圈。
>
> 一群仙鹤天上飞,船里坐的是神仙。
>
> 半年织了三丈四,缝了两件敬老衣。
>
> 还剩八尺做啥哩？缝个包袱包东西。
>
> 东包东洋鱼鳖怪,叫它往后难成灾。
>
> 南包西湖长江水,旱神涝神不再来。
>
> 西包流沙把海填,沙州瓜州铺绿毡。
>
> 北包冰雪哪搭倒,一抖浇灭火焰山。

歌词表现出姑娘们通过传唱乞巧歌形成的丰富的文化知识、开阔的思想境界,以及希望消除灾难、抗击恶势力、改造客观世界的良好愿望。

西和、礼县、武都、文县等古代很少时间归附蜀,古时是否有织绫罗的今不可知,至少清代以来没有织绫罗绸缎的。但《西和乞巧歌》中有一首《一对鸳鸯一对鹅》唱的就是"姊妹四人织绫罗",这也可能只是一种理想类型的歌唱。在农村多见的为织麻布。麻布有多种,粗者可以用来缝装粮食的口袋,细一些的可以用来缝麻布衫。麻布衫结实、耐穿,劳动人民多穿麻布衫。麻布织得讲究的,有专织的褡裢,上面还有用黑线或蓝线织成的花纹。

(3)草编工艺

西和将军山的妇女过去用柳条编的簸箕等用具销于县内外,现在扩展至民用各方面,受到民众的普遍欢迎。

草编

(4)缠荷包、绣荷包、香包

每年端午节前,天水、陇南一带的女性就开始用彩线在绸缎布料上绣或缠荷包、香包,在端午节这一天给自己的孩子佩戴。

荷包的做法有缠荷包、绣荷包。缠出来的荷包主要是"荞""绣球"。缠荷包之前,先要用纸折成荷包。做法是将硬纸壳裁成细长条,然后连续折出三角形,再按照折痕拢回成有棱有角的菱形,荷包便有了骨架。因其外形确实很像一粒荞麦,故西和当地称其为"荞"。折好后便是穿线缠绕,根据个人喜好选择不同颜色的五彩丝线自行搭配。最后穿绳结穗,象征吉祥如意的荷包饰品就完成了。类似这样的荷包可以组合出各种不同的造型来,如做八个一模一样的小荷包,每个都缠上一样花纹的丝线,或者纯粹就用一色的线装饰,然后将八个缝在一起,加上穗子,就做成非常漂亮的"绣球"。在缠荷包中最难做的是缠床钱和硬币,就是用一个五分的硬币做坯,在上面缠绕彩线,一根摆着一根,直至把硬币全缠裹起来,再用针把线头固定住,下端穿上穗头,上端穿上一根提线,也非常好看。

绣荷包在西和民间广泛流行,形式多样,以实用为主,如镜袋、扇袋、表袋、烟叶袋、钱褡裢等。此类荷包多为姑娘学绣的练习作业。荷包的花纹各种各样,有繁有简,如"蝶恋花""鱼戏莲""凤穿牡丹""麒麟送子""喜鹊闹梅""榴生百子"等。

荷包中占比重大的是香包。香包里装有艾叶、香草之类,包面上绣制着"五毒",即蝎子、蛇、蜈蚣、壁虎和蟾蜍。它原是五月端午的节令物品,为了防止各种毒虫趁大人、孩子睡觉时钻进人的耳朵或侵害人体,人们把这种荷包相互馈赠,佩戴于大襟衣服的衣襟角上,儿童则挂于项颈。就形状来看,有虎形、鸡形、如意形、寿桃形、蝙蝠形,以取意于福、禄、寿、喜、吉祥、如意等。还有一类是生活的实写,如红萝卜、小辣椒、小狗、小鸡、小猪、小老虎等,无不展示着生活的情趣。在乞巧聚会中,姑娘们也必然就做荷包方面的经验进行交流。

(5)打网子

民国以前,西和青年女性都擅长于织丝网,用于罩在圆髻上,这种发式当地人叫"转(zhuǎn)专"。样子如圆饼或者说像扣着的碟子置于脑后。女子一成婚后即要将头发盘起为圆髻。20世纪40年代以前,中年妇女也多梳此发型。唯年纪大者梳高髻,当地叫"高头",上面顶的是黑纱,不用网子。过去,大体北方各地以至南方妇女多梳此种发式,所以网子的销量很好。本地妇女都会打网子。打网子的工具只是几根小竹签,妇女们都把打网子当成闲暇、雨天的手工活儿。姑娘们和青年妇女聚在一起,围成一圈,一只脚展开,上面挂了经线,左手拉直,右手拿着签子(上面挂着线,经线不断通过竹签子织上去)。熟练的人眼睛不看也能织,手很快,口里则一面拉闲话,或小声唱山歌。

(6)剪纸

剪纸也叫"窗花"。在西和民间,能剪善绣是衡量巧媳妇的重要标准之一。过去不少巧媳妇都留有各种窗花样子,作为"底子",以便学习。妇女中能剪窗花的能手往往能不依托任何图样,随手赋物,运剪成形。春节时,几乎所有的农家都能看到一幅幅千姿百态的窗花。

西和剪纸多取材于农村喜闻乐见的事物,动物花鸟、戏曲人物、民间故事、风物传统都可入题。有的剪纸直接来源于劳动生活,如以兽鸟鱼虫、瓜果蔬菜、花草人物等为造型,如"红梅报春""雄鸡报晓""狮子滚绣球"等。有的剪纸采取谐音手法,如剪出"连(莲)生贵子""福(蝠)自天来""吉祥(鸡羊)如意""喜上梅梢"的图案,祝福人们好运。剪纸艺术中,常赋予双鱼、双龙、双蝶等象征寓意。荷花、菊花、梅花、牡丹寓意女性,穿莲的鱼、采蜜的蜂、登梅的鹊和蝶便隐喻男性,借以表达女性心目中崇拜的意象。

西和剪纸中最引人注目的是"牛郎织女"故事的剪纸。西和是一个农业县,女性在剪纸过程中把她们对牛的喜爱表达了出来,或单纯地剪"牛",或剪牛郎牵着"牛",或剪"牛郎织女"鹊桥相会。这些剪纸作品把妇女对爱情、生活的憧憬表达了出来。姑娘们继承了传统民间艺术的古拙质朴、粗犷奔放、大胆夸张、对比强烈的特点,造型特征突出,结构紧凑,惟妙惟肖,显得妙趣横生。乞巧歌多有唱牛郎织女传说的,这自然为剪纸提供了题材。姑娘们乞巧聚会中也自然会交流这方面的经验。

西和县赵金慧剪纸　拜巧

西和县赵金慧剪纸　拜巧

2. 健全人格与提高社会综合能力

（1）促进女孩子生产、生活经验的积累

在乞巧活动中，乞巧姑娘们的社会化主要表现为对女孩或女性角色的体认。处在童年期的小姑娘们，在母亲的指点下，生巧芽、煎巧馃；学习乞巧舞蹈，掌握乞巧舞蹈中必要的动作技能；提高社交能力，与同伴与邻村的姑娘们建立良好关系；学习大孩子的组织能力、沟通能力、协调能力。

处在青春期的姑娘们则见习与同龄男女的交往。在旧礼教的约束下，如何含蓄而有分寸地同青少年男子沟通，建立一定的联系，并认识自己的生理结构，有效地保护自己身体。

在中国文化中，"女红"一词就是专指女性的劳动及其成果。具体而言，就是擅长裁、缝与绣花。当然，做饭的手艺也是一般人家对女性的一个重要要求。归结来说便是针线茶饭。西和乞巧活动围绕着"针线茶饭"举行了一系列的仪式。

姑娘们每家都会制作品种繁多的油炸面食。由于这种面食多制作成各种花样和果形，当地又把它叫作"面花"或"面果子"。

油炸面食是借助刀、剪、小擀杖等工具，制作出如菊花、梅花、桃花、月季花、桃、梨、核桃、石榴等各种形状的面食。有的也做些小麻花、小馓子，在平底鏊锅中放油煎炸而成。将制作好的单个花、果、麻花、馓子在碟中重叠摆成上小下大的塔状。每一种面食供品制作时都需要精巧的构思和娴熟的工艺，姑娘们制作时多请姐姐、嫂子、母亲或邻居中手艺好的长辈来帮忙指导。

在造巧、唱巧、卜巧、送巧等仪式中，姑娘们对针线技艺的诉求得到了很好的体现。如《今儿个坝里去行情》后半段："大路上走到张庄里，都看我的鞋帮哩。打问鞋是谁纳的，上面的花儿谁扎的。你问不好不言喘，全是我的瞎手段。我嫂子画的花样子，我娘教我配花线。"这就反映出姑娘们学习女红的过程和取得成绩后的自豪感。《头上的豆儿脚下的瓜》《我敬巧娘娘心最诚》等乞巧歌说的是绣的技艺，《一对鸳鸯一对鹅》说的是织绫罗的技艺，《卢家的大姐会扎花》《一对鸳鸯一对鹅》说的是扎花的技艺。

在煎巧馍、唱巧、巧饭会餐等环节中,姑娘们对茶饭技艺的诉求得到了展现。如《温温水,新麦面》写出了揉面、擀面的技艺。在巧饭会餐中,姑娘们茶饭技艺的好坏直接得到了展示。乞巧点的姑娘推选茶饭做得最好的姑娘来负责做这顿巧饭,有时势必又有"竞争上岗"的局面,但能力强的姑娘总是得到大家认同的。其余的姑娘也愿意替她打下手见习,或劈柴、烧水。

在这七天八夜的乞巧活动中,姑娘们不仅向巧娘娘乞巧,而且还卜巧,看自己在针线茶饭方面是否有所领悟。在照瓣卜巧中,姑娘们一边将巧芽掐下放入水碗中看,一边歌唱乞巧歌,希望得到巧娘娘赐予的"扎花针""绣花线""铰花剪""擀面杖""写字笔""磨墨砚"等得巧的预兆。《我娘生我一场空》中说:"九岁十岁学纺线,十一二上学茶饭。都说针线最要紧,十三四上用了心。……上得机来能织布,都说我娘教得好。"姑娘们对各种社会知识的获得,除了通过家庭向父母学习,还通过乞巧活动向同龄人学习。于是,"巧"和"乞巧"便成了妇女要改变自身地位,从被压榨的处境中突围的一种现实的路径和高尚的追求。

另外,女孩子们从小唱《二十四节气》《正月里冻冰二月里消》等同农业生产有关的歌,对农业生产各个季节的工作有了了解,婚后,在农业劳动上,也就能当好半边天。姑娘们在十分愉快的情况下,在狂欢中,学到很多知识,为以后的生产、生活奠定了一定的知识基础。

(2)提高社会互动能力

在乞巧仪式中,个人与个人、个人与群体、群体与群体之间发生了相互依赖的互动行为。这种互动行为主要有合作与竞争两种形式。

首先是合作。在乞巧仪式中,大家在编乞巧歌、练习唱歌、请巧、造巧、迎巧、集体祭巧、唱巧、跳麻姐姐、祈神迎水、卜巧、巧饭会餐、传饭、送巧等环节中,表现出强烈的合作意识。

最突出的是在巧饭会餐中,一个乞巧点所有参加乞巧的姑娘都根据自己的能力全力以赴,各司其职。巧饭会餐正式开始时,姑娘们边吃、边说、边笑,十分开心。这一难得的集体会餐,将姑娘们之间的合作精神最大限度地表现出来了。

其次是竞争。个人祭巧的"抢头香"和乞巧期间姑娘们尽可能收拾得整齐、漂亮,在一些事情上尽可能地露一手,都体现出竞争的意识。

在拜巧仪式中,姑娘们尽量在他人面前展示自我。也就是说,所有的互动都是在为自己制造好印象。姑娘们不仅把自己平时舍不得穿的衣服、花鞋拿出来穿上,还让家中的姐妹帮忙打扮,希望给大家留下一个漂亮、大方的印象,如《今儿个坝里去行情》:

今儿个坝里去行情[①],老娘早早有叮咛。

衣裳裤子要齐整,脸上打扮要心疼。

姐姐给我来搽粉,嫂子教我抹口红。

花鞋一双样样儿俊,上面的花儿随风动。

家中人既重视自家女儿在外人眼中的地位,又一定程度上把乞巧活动看作是展示家庭情况的机会,所以也十分重视。

可见,在乞巧个体成员之间,每一位个体在参与乞巧活动中与其他个体或群体进行了社会互动。姑娘们充分利用乞巧节这个传统民俗节日,同家人、朋友,以及周围的邻居进行交流,充分表达对他们的情感与美好祝愿,从而使彼此间的感情更加亲密,形成良好的社会互动。

(3)养成良好的社会道德

西和、礼县一带的乞巧文化,以及群体对于乞巧规则的共同遵守,使乞巧成员拥有和养成共同的行为规范、是非标准、价值取向和审美情趣,因此也更易于结合在一起,有助于社会整合,增强群体凝聚力。在西和、礼县乞巧活动中,来自不同家庭、不同年龄、不同村庄的姑娘们,因为乞巧走到一起。在七天八夜的乞巧活动中,她们以歌舞会友,互相学习,表现出对乞巧文化的认同与群体归属感。而各乞巧点内部,姑娘们之间化解隔阂,增进感情,形成了一种共同文化的认同感。村与村之

---

①今儿个:今日里。"日",西和方言同"儿"。坝里:方言,山坡上人称山下平川地带为坝里。行情:当地人在亲朋家有红白事情时,去送礼品或钱表示祝贺或慰问吊唁。西和乞巧节中邻近的乞巧点上有组织地相互拜访,并跳唱自己编的词,也叫行情。

间乞巧点的相互拜巧,强化了中国传统民间地缘关系,对维护地方团结稳定起到了积极的作用。

(4)体现妇女的信仰寄托

1994年,礼县永兴乡、永坪乡交界处的大堡子山一带,发现了秦先王墓葬群,进一步确认地处西汉水上游以西和县北部、礼县东北部、天水西南为中心的一片地方是古老的秦文化的发祥地。西和乞巧活动中,供奉的巧娘娘,其原型是秦人的先祖女修(织女)。西和礼县一带的乞巧活动中,姑娘们以巧娘娘为崇拜对象,围绕其进行庄严、神圣的祭祀活动,形成了一整套完整的仪式,这些仪式我们应该将其视作信仰仪式来对待,对于织女——巧娘娘的信仰是所有活动的核心内容。乞巧仪式围绕着迎请巧娘娘、供奉巧娘娘、拜祭巧娘娘、祈求巧娘娘赐巧、恭送巧娘娘而展开,这套仪式实际上就是祭神的活动,七夕乞巧活动就是祭祀仪式。

在西和乞巧活动中,"巧娘娘"不仅仅是女性心灵上的信仰,而且还是女性的希望的载体,寄托了女性对幸福美好生活的希望。在迎巧仪式中,巧娘娘不再是天上的神仙,而是地上的凡人。歌舞相伴的乞巧仪式对乞巧姑娘们来说,绝不是因为乞巧的实用性意义而进行,而是因为通过歌唱、舞蹈等行为活动,供奉巧娘娘像,在烟气缭绕的仪式情境中,给自己的心灵和精神一个寄托,让巧娘娘成为她们的精神寄托,借祭巧、唱巧来寄托自己的人生理想,抒发自己的真实情感,表达自己的生活愿望,并借以抨击那限制妇女自由、否定妇女人格、压制妇女才智的封建礼教。

(5)乞巧活动的结束——成年礼仪的完成

在西和传统乞巧节中,未婚女性是乞巧的主角,一旦结婚就不再参加乞巧(如今,中年、老年女性也可以参加活动)。在这里,结婚与否成为能否参加乞巧活动的一个界限。因而贯穿女性婚前的重复性的乞巧活动,散发着"成年礼仪"的文化意蕴。

如果我们把数次乞巧仪式活动作为一个过程来考察,就会发现西和、礼县一带的乞巧这个人生礼仪是典型的过渡仪礼。在乞巧过程中,乞巧仪式自觉地将未婚女性与已婚女性区别开来。乞巧的年龄阶段正好是女性的少年和青年时期。少年和青年时期的结束,意味着乞巧的结束。这时乞巧者身份在成婚这一转变前戛然而止。西和、礼县乞巧仪式不同于一次性的"笄礼"。这个成年礼仪举行的时间被设置在女性整个的少年时期之内,在神圣与世俗的不断交替更迭中,它是一个周期性渐进的成年礼仪。在此少年时期乞巧的过程中,少女们通过制作巧果、女红,逐渐习得了女性的职业技能;通过表演歌舞显示才艺既表达自己的心声,真心乞求心灵手巧、聪明能干,同时也接受社会的检阅,获得社会对其合格成员的承认。少女们从不自觉到自觉,从懵懂无知到若有所悟再到了然于心,逐渐明白、接受并强化了自己的社会性别和角色意识。从而当她们成年之后,就可以自然为社会所接纳,及至出嫁为妇,就可自如地扮演好侍奉衣食、相夫教子的角色,和丈夫共同演绎男耕女织的生活戏剧。

总之,乞巧节仪式对于西和社会和民众精神的意义是不可替代的,因此,发展新传统、促进乞巧节文化转型是处于现代生活中人们的必然要求,也是乞巧文化传承的必然趋势。

（五）从乞巧歌看长期封建社会中妇女的命运与抗争

1. 未婚女性对美好爱情婚姻的追求

甘肃地处西北,陇南在甘肃又属偏西地区,思想上较为闭塞。20世纪40年代以前,基本上是旧的思想占主导,但《西和乞巧歌》中一些作品反映出,西和20世纪二三十年代的妇女,已经敏感地察觉到时代透露出的新空气。乞巧歌中也突出地表达了对旧礼教的反抗及对新生活的追求。

长期封建社会中,男女婚约历来遵循父母之命、媒妁之言,再加上门当户对之类的观念,在青年男女之间形成一道无形的壁垒。西和乞巧歌中,姑娘们常常通过对父母包办婚姻的不满来展现她们对美好自由爱情的追求。

一些大户人家的姑娘要遵循社会对女性的规定,如"十一二上不出门"等习俗。《我娘生我一场空》一首中说:

　　　五岁六岁穿耳环,七岁八岁把脚缠。

> 九岁十岁学纺线，十一二上学茶饭。
>
> 都说针线最要紧，十三四上用了心。
>
> ……
>
> 一学缝补二学描，三学裁剪手艺高。
>
> 上得机来能织布，都说我娘教得好。

《我娘把我心上疼》中说：

> 我娘把我心上疼，把我放在口里噙。
>
> 我大为我挣下病，叫我穿好长精神。
>
> 萝卜长的往大抓，整整抓到十七八。

以前，未出嫁的女子在娘家留的时间越长，父母的花费越大，而出嫁的女子却无力也无权养活自己的亲生父母。"女子娃大了人家的人，大大娘娘白操心"。所有的父母都是爱自己孩子的，所以女儿提出"快快给我寻下家"，父母还说："我娃我娃先莫忙，我给我娃办陪房。"这就给女儿留下了永久的歉疚。这种状况与女性社会地位低下有关。

有些姑娘对此种"局外人"的角色并不满意，她们对自己未来所嫁之人有着清醒的认识。如《金蹄子花，银蹄子花》中，"姑娘许给商户家。大大娘娘只是夸，媒人说成一朵花。"实际上，女婿是锤头（方言，拳头）大的"娃娃"，"想拖上哩够不着，想抱上哩像个娃。夜里哭着哑奶嚓，咻不像妇人倒像娘"。这显然反映出旧时代童养媳婚俗导致的婚姻悲剧，父母把对方经济的富裕当作缔结婚姻的前提条件，并未考虑对方的年龄，也未征求姑娘的同意，作为当事人的姑娘十分反对此事：

> 不嫁高门大户家，要嫁七尺汉子嗉。

这掷地有声的语言，反映了姑娘对美好自由爱情的追求！《热头出来落西方》中也表达了同样的感情。劳累了一天的姑娘，"吃过黑饭进绣房"，"灯盏底下绣鸳鸯"，却梦见"家里把姐给了人"，"彩礼堆了一大堆，男人不到二尺长。一看情形大声哭，梦里醒来泪汪汪。只怪爹娘过世早，大姐的婚事看哥嫂"。但当事人的愿望是"但愿寻个成行的，金钱谁能守到老"。同样表达了姑娘对自由婚姻的追求。

乞巧歌中之所以表达了追求自由美好婚姻的愿望,主要有两个原因:一是绝大部分的父母对女儿的婚姻采取包办、买卖的做法,或者是受封建礼教的约束太厉害,或者是只考虑经济因素,不重视对方的人才品行。二是身边姐妹的不幸遭遇也让她们不能不思考自己的未来。正是这些原因使得姑娘们不自觉地反对买卖与包办,追求美好自由的婚姻爱情。在《大姐娃成给南门下》中,对父母包办、买卖儿女婚姻的做法解释得十分详细:

> 大姐娃成给南门下,南门下他是有的家。
>
> 房上瓦(wà)的筒筒瓦,槽上绑的枣红马。
>
> 二姐娃成给东门下,一个铁印升子大。
>
> 不是骑马当官的,是个抡锤打铁的。
>
> 打下的铁壶销四川,知县大人也喜欢。
>
> 年年都往省城送,个个都能升大官。
>
> ……
>
> 跟上当官的官娘子,跟上杀猪的翻肠子。
>
> 按住的牛头强扭的瓜,女子娃婚事由不得她。

这里说的大姐、二姐以至九姐、十姐是指每年乞巧中,在一起活动的姑娘们以生年生月为序建立起的姐妹关系,略同于一般人说的结拜姐妹,只是不另外举行什么结拜仪式。年龄相仿、关系亲密的邻家姑娘分别嫁给不同的家庭,姑娘的命运就截然不同,"跟上当官的官娘子,跟上杀猪的翻肠子"。这种情形是怎样造成的?"按住的牛头强扭的瓜,女子娃婚事由不得她"。姑娘们的命运不掌握在自己手中,而在父母和媒人手中。有的父母出于自身和家庭的利益,对姑娘或姐妹的婚姻进行了"合理"的包办,往往是"贪人家银,贪人家金,推得女儿进火坑"(《槐树槐,搭戏台》)。

《姊妹的手襻都解开》中,有的姑娘是"针线家务都不怕,就怕媒人来问话";有的姑娘是明天要嫁人,"男人长的啥脸势,一问姐姐三不知",是说关心她的朋友、姐妹问要出嫁的当事人,当事人却连未来丈夫长什么样子都不知道;有的姑娘祈求"巧娘娘给我要作主",具有"金银财宝谁看哩,要我心上情愿哩"的主体意识;有的姑娘表现出对"媒人说谎谁管哩"的无奈。姑娘们借助乞巧歌,将各自的心事唱了出来。同在一起乞巧的姑娘,她们两三年中先后嫁人,婚后或为家庭或为生存而挣扎,或因对童养媳婚姻不满而心情抑郁,如《红心柳,权对权》中,"姐姐今年十七八","男人是个碎娃娃,半夜起来只叫娘","说是成给好人家,实是给人家看娃娃"。有的受到公婆、丈夫的虐待,如《热头出来一盆火》。姑娘们因之想到自己未来,正如赵子贤先生《题乞巧歌二首》所说:"乞巧难求厄运少,及笄似向峭崖行。"

2. 通过对已婚妇女遭遇的描述,表达对旧礼教的不满与反抗

未婚女性在婚前被父母"十二三上卖给人,心里怨恨不敢嗯①"(《一样的戥子十样的银》)。婚后,女性依附于丈夫,完全失去自己独立的人格。"嫁鸡随鸡,嫁狗随狗,嫁柴株,立地守"。姑娘们婚后不仅遭受公婆、丈夫的虐待,甚至丈夫的姊妹、兄弟都成为虐待妇女的帮凶。婆家这种恶劣的态度和行为被社会赋予"合法性"。《西和乞巧歌》中有不少的歌词都表现了对这种"合法性"的不满与反抗。

《北山里下雨南山里晴》一首中,媳妇尽管"侍候阿家(婆婆)把花扎,挨打受骂养娃娃",但阿家握着媳妇的命运:"只让喝汤不给饭,一点不对让滚蛋。"《死板姐》中的阿家也是这样:"全家新衣裳换着穿,姐姐穿的破布片。""擀的长饭全家吃,姐姐天天喝菜汤"。死板姐不堪忍受这种生活,半夜偷着往娘家跑,"男人知道了跟着撵,阿家罚姐卧猪圈"。死板姐只能自己承受,因为"婆婆家有钱口气大,姐娘家没人自己担"。于是,死板姐以死相抗,"一根麻绳梁上栓","死板姐含泪到九泉"。

媳妇在家伺候阿家、干活、养娃娃,阿家对她们的回报却是喝菜汤、穿破衣服,甚至转娘家都不允许。如《装了半笼子苜蓿花》:

> 装了半笼苜蓿花,阿家准我转娘家。
>
> 早上去了黑了来,大小做出八双鞋。
>
> 做到八双拿着来,做不到八双鞭子挨。
>
> 男人说情想张嘴,阿家打发去担水。

---

①嗯,吭声。

只好说着不去了,除非阿家断气了。

尽管青年男女的婚姻完全出于包办,但结婚之后,有的也慢慢产生了感情,丈夫在一定程度上对媳妇产生了同情之心,但是面对父母的旧思想作祟也无能为力。因为丈夫知道,在母亲的背后还有父亲,父亲之上可能还有祖父母和亲房、亲戚,形成了一个巨大的罗网。媳妇也明白这一点,所以最后说"要转娘家难上难,上面还有几层天"(《我娘生我一场空》)。难怪妇女会有"我娘病了谁抓药,谁给我娘接碗筷"的担忧与"大大娘娘没人管,常叫女儿心不甘"的不满。这首歌中"只好说着不去了,除非阿家断气了"一句,反映出从《孔雀东南飞》到陆游的《钗头凤》,再到20世纪40年代几千年中婆媳关系对抗的事实。

《姊妹几个打秋千》中"三姐娃露出红短裤"则对旧的"妇德""妇容"进行了嘲讽。《温温水新麦面》中"'嘣'的一声拁(dèn)断了,再不嫌姐姐的长面了",则是以嘲讽的口吻对旧的家庭关系中阿公、阿家及丈夫的尊严进行揶揄。而《竹子砍了划篾条》中男人"赶快跪下把头磕:'只要我俩有姻缘,管他掏钱没掏钱!'",实际上反映了社会高压政策下的一种自由恋爱。因为社会畸形地看待这件事,他们在这种环境下也不能不采取某种方式来应对周围的嘲笑。可见,当时陇南一带的封建礼教势力还是很强大。

20世纪初,甘肃仍然是封建军阀、地方割据势力和封建绅士、道学家和旧读书人的天下。偏僻闭塞的陇南各县妇女的灾难同19世纪以前没有多大区别。在《西和乞巧歌》中,西和女性更多地遭受了"族权"的压迫,即婆婆的"家法",以及婆家其他人对媳妇的"联合专政"。如《热头出来一盆火》中,妹妹对娘家的哥哥诉说在婆家的种种遭遇,面对繁重的家务劳动和婆家的虐待,哥哥没有说妹夫家的所作所为是错的,只是一味地劝慰妹妹要忍耐,并勉励妹妹"挺住身子咬住牙,过后你也当阿家!"这些话也为我们揭露出中国几千年婆媳矛盾的根源,那就是"三十年的媳妇熬成婆"之后,继续压榨未来的媳妇,以补偿她年轻时所受的委屈。婆媳之间紧张的关系难道不正是当时社会的缩影吗?难怪《一样的戥子十样的银》和《北山里下雨南山里晴》等都感叹"女子不如儿子疼"的命运,明显带有对封建礼教不满的情绪。

乞巧歌大部分是表现妇女遭遇的,是抒发她们的心情的,但也有相当一些反映了社会上人们普遍关注的问题,甚至社会的重大问题。因为每年都会有些这类新编的歌词,长期积累起来,也便成为一个地方的社会微观史。可惜的是,自古以来这些东西被传统文人视为不合礼法的祭祀中,无知无识的女孩子瞎编乱造的东西,从未有人采录保存。直至1936年,受过新文化熏陶的赵子贤先生才发动学生收集,编为一册,成为全国第一本乞巧歌词集,从而保存了一些珍贵的资料。

(六)20世纪30年代后期以来乞巧歌中反映的历史

1949年以后,乞巧歌词中有很多是反映新的政策、形势、政治运动,以及社会风貌、社会风俗的,如土改、抗美援朝、合作化、公社化、自由恋爱等,以及改革开放以来各种新气象、新风俗的歌,如1949年以后的《抗美援朝捐献家》《挣下粮食支前线》;反映1955年的一场冰雹打坏庄稼的《社员的生活没困难》;反映"农民种上了承包田"的《人民公社解散了》《谁知政策可好嗟》;反映三中全会改革政策的《农村改革粮丰收》《包产到户粮食多》等,都反映出新时代妇女对政治的关心和主人公的心态。如《土改闹了身翻》:

> 过罢冬至打春哩,土改队来到我村哩。
>
> 访贫问苦家家跑,拉起家常穷根找。
>
> 盘山的骡子下了坝,贫雇农最听党的话。
>
> 斗地主,反恶霸,有党撑腰天不怕。
>
> 人多拾柴火焰高,村村的农会成立了。
>
> 贫苦农民闹土改,分房分地分浮财。
>
> 恶霸斗了恨消了,土改闹了身翻了。
>
> 春风吹动坡上草,共产党把人救活了。

再如《土改分地忆春耕》:

> 春季里来草芽青,土改分地忙春耕。
>
> 你撒籽来我送粪,互助合作来变工。

> 夏季里来百花艳，禾苗出土长得欢。
>
> 按时追肥锄杂草，用心作务好增产。
>
> 秋季里来百花香，快割快碾快归仓。
>
> 小河有水大河涨，农民要缴爱国粮。
>
> 冬季里来梅花开，贴对联来挂红灯。
>
> 丰收不忘共产党，好景全靠解放军。

改革开放初期，则表现出了一次巨变中的欢快心情。如《人民公社解散了》：

> 抬石头的棍断了，人民公社解散了。
>
> 桦木轮子榆木辕，农民种上责任田。
>
> 世上出了金不换，改革政策再不变。
>
> 树上结了榆钱了，光景有了眉眼了。
>
> 篝里的粮食装满了，信用社有了存款了。
>
> 顿顿吃上白面了，穿上毛料绸缎了。
>
> 不下白雨（暴雨）河清了，日子过得遂心了。
>
> 土碗换成金碗了，农民的眉头都展了。

再如《三中全会北京开》：

> 三中全会北京开，改革的政策出了台。
>
> 出了峡口是大路，联产承包地到户。
>
> 母鸡下了金蛋了，富民政策兑现了。
>
> 辣子红了柿子红，八仙过海各显能。
>
> 责任田活像聚宝盆，帮助农民脱了贫。
>
> 热头出来照九州，农村改革粮丰收。

这些都具有历史认识价值，是西和历史的真实记录，也是全国几十年发展变化的缩影。

我们已搜集整理1949年以来西和县流传的乞巧歌400多首，编为一集，以为成书于20世纪30年代的《乞巧歌》之续。

(七)乞巧歌传习、创作和诗歌创作方法的掌握

每年的乞巧节,都是年龄小的女孩子学、记各种乞巧歌的机会,大部分是听大些的姑娘唱时学、记,记得不清的会向大一些的问。这应是姑娘们自己组织的文学和文化知识课,她们从小很自然地受到这些作品的滋养。刘锡诚先生为赵子贤先生所编《西和乞巧歌》写的序中说:

> 而子贤先生所记录编订的这本《乞巧歌》中的歌诗文本,就是"千年乞巧千年唱",流传至20世纪上半叶的歌诗形态。正如子贤先生说的:"西和如此普遍、隆重、持久的乞巧活动其他地方没有,这给女孩子一个走出闺门、接触社会的机会,在古代是冲破封建礼教束缚的表现,在今天是一种对社会一些问题发表看法的方式,既反映老百姓之心声,也是存史,同《诗经》中的诗有同样的价值。"

很多专家也都给乞巧歌的文学价值以很高的评价。可以说女孩子参加乞巧活动也是一种文学和文化的教育,是民间"诗学"的传承。参加过几年乞巧节的大一些的姑娘,关于乞巧歌的各种句式、形式及诗歌创作的节奏、韵律、换韵、创作技巧掌握得多了,便加入创作的骨干队伍中来。在一些有水平的姑娘和年轻媳妇、中年妇女的指导下,创作新的乞巧歌。所以,这又是诗歌创作的培训班。

这里我们对乞巧歌词的特征和创作手段加以概括。

1. 在西和乞巧歌词中,赋的手法运用比较广泛,多用铺排的手法。这主要表现在以下几个方面:

第一,多用十二个月组织材料,如《西和乞巧歌·生活习俗篇》中的《朝里文书连夜来》《十二个月种田》,《劳动技能篇》中的《正月里冻冰二月里消》,《时政新闻篇》的《孔司令要倒沙儿钱》,《传说故事篇》的《牛郎织女》《月英放羊》《三国歌》《死板姐》等。还有的以二十四节气为叙述框架,如《二十四节气》《三国歌》。

第二,有些表现人的命运、经历的以年龄为叙述框架,如《家庭婚姻篇·正月里来是新正》中的。

> 一岁两岁吃娘奶，三岁四岁离娘怀。
>
> 五岁六岁穿耳环，七岁八岁把脚缠。
>
> 九岁十岁学纺线，十一二上学茶饭。
>
> 都说针线最要紧，十三四上用了心。

这是以年龄为结构框架。《正月十五提起话》中，前半部分讲妇女"正月十五提起话，二月十五把媒发。三月十五送彩礼，四月十五给人家。伺候阿家做家务，十个月上抱娃娃……"后半部分讲苦心供养自己的独生子，希望将来"母以子贵"，推倒头上的一块块大石头：

> 头年念的《百家姓》，二年念的《三字经》。
>
> 上《论》下《论》都读遍，十五岁上是童生。
>
> 二十岁上成秀才，三十岁上成举人。
>
> 四十岁上到京城，一举高中耀门庭。

最后两句则将前后两部分联结起来："作了高官来上坟，抓娃的早就成古人。"这是以时间为叙述框架。

第三，以数字顺序为框架，如：

> 巧娘娘教我绣一针，一绣咕噜雁穿白云，
>
> 声声叫得满晴天。
>
> 巧娘娘教我绣二针，二绣莲花在水中，
>
> 莲花瓣上落蜻蜓。
>
> 巧娘娘教我绣三针，三绣三春百草生，
>
> 女娃娃挑菜一笼笼。　　（《巧娘娘教我绣一针》）

这样一直唱到绣七针："七绣野鹊树上鸣，绣一幅牛郎会亲人。"《我敬巧娘娘心最诚》中从"巧娘娘教我绣一针"一直唱到"巧娘娘教我绣八针"；《十条手巾》中开头一节为："一条手巾织得薄，上织昆仑一条河。老子他在河边坐，苦对众生没奈何。"一直唱到"十条手巾"；《大姐给到南门下》《石榴籽开花叶叶青》都是从"大姐娃（大姐）"唱到"十姐娃（十姐）"，《姊妹几个打秋千》也是按大姐、二姐、三姐的顺序唱的。

第四，从空间方面按东、西、南、北的顺序为叙述框架，或按上、下、左、右及相关地名、事物部位进行铺排，如：

> 东包东洋鱼鳖怪，叫它往后难成灾。
>
> 南包西湖长江水，旱神涝神不再来。
>
> 西包流沙把海填，沙州瓜州铺绿毡。
>
> 北包冰雪哪搭倒，一抖浇灭火焰山。
>
> 上包玉皇灵霄殿，下包阎王鬼门关。
>
> 四大部洲都包了，再包天外一层天。（《草青花红二月天》）

这是用东、南、西、北加上"上、下"作为叙述框架。再如：

> 八仙桌子正中摆，四个板凳两面排。
>
> 上坡里挂的古人的字，门上贴的新对子。
>
> 大花瓶里菊花黄，桌上的贡品满屋里香。
>
> 文县的柿饼大又软，兰州的枣儿味道甜。
>
> 天水的桃儿一包水，成县的奠黄红又圆。
>
> 六巷的柿子是金黄，十里铺酸梨儿闻着香。
>
> 上庄里拿的八盘梨，下庄里拿的化心梨。（《枣儿树上结枣哩》）

这是以不同的事物所在地理方位来进行结构铺排。

姑娘们在学唱大量传统歌词和前一两年的歌词的当中，自然地掌握了这些结构方法，也知道了在何种情况下灵活运用这些结构方法。

2. 通过意思上的扣连与语句的排比来推衍铺排。首先，多用顶真手法，如：

> 三天上学两天念，一天城里买笔砚。
>
> 笔砚买到笼儿里，学生哥要戴顶儿哩。
>
> 要戴顶儿要做官，二郎坝里收银钱。
>
> 银钱收了串七八，要买金羊扇子嚓。
>
> 扇子扇烂没风了，想的样样落空了。（《一碗凉水大家喝》）

其次，用正反式铺排结构的在照花瓣歌中较多，如：

　　　　巧了赐个扎花针，不巧了赐个锈铁钉。

　　　　巧了赐个九华灯，不巧了赐个烂葱根。

　　　　巧了赐根扎花线，不巧了赐个背篼靽。

　　　　巧了赐个铰花剪，不巧了给个挑草铲。……（《我给巧娘娘许心愿》）

下面接着是将擀面杖、吆猪棒、写字笔、打牛的、磨墨砚、提水罐、扇子扇、老木锨、一朵花儿戴、一颗烂白菜——加以对比，姑娘们在长期封建社会中一代一代的遭遇使她们形成对生活的好恶。

　　3.用反复的手法。反复，是民歌中常用的一种方法，以达到一唱三叹、回肠荡气的艺术效果。由于乞巧歌是听众通过"聆听"来体味其中的内涵，因此，为了听得真切，重复一些段落、句子、词语，不但易于听清，而且调动听众的思维、推想。西和乞巧歌中，反复主要表现为重章复沓和使用衬词。

　　重章复沓，就是在若干节歌词中只更换其中少数的几个词，表示动作的进程或感情的变化，如前面引录的《我敬巧娘娘心最诚》中，由"巧娘娘教我绣一针"的"一针"带出"一绣蓝天一朵云"，以下的"二针"带出"鸳鸯两情深"，"三针"带出"岁寒三友"，"四针"带出"文房四宝"，"五针"带出"五谷丰登"，"六针"带出"六畜兴旺"等。再如《打花馍》，以"打个花馍正月正"，一直唱到"打个花馍九月九"，反复歌颂打花馍的技艺。

　　乞巧歌中使用以上两种结构方式，有时表示递升或递降的关系，但大部分情况下只是一种组织语言、表现思想的手段。女孩子掌握了这些手段，便可以自由地表达自己的思想与感情。

　　4.乞巧歌中也有很多作品不凭借铺排框架，用自然叙事的方式，根据内容组织材料，进行剪裁，情节生动，语言得体，如《热头出来一盆火》：

　　　　热头出来一盆火，放下纺车摘豆角。

　　　　一笼豆角刚摘满，娘家哥哥在路边。

　　　　干垄上面刨一把，说声亲哥你坐下。

眼泪一双唰唰下，亲哥听妹几句话。

是说早早起来纺线，日头出来又下地，遇见娘家哥哥。以下是向娘家哥哥诉苦的具体内容：

鸡叫头遍去推面，一面打盹一面转。

鸡叫二遍把水担，路又远来桶又宽。

鸡叫三遍要上坡，崖上山上砍柴火。

喂牛喂猪蒸馍馍，抱上湿柴去烧锅。

一口两口吹不着，阿家骂我像猪猡。

流着眼泪吹着了，头发眉毛燎着了。

男人过来脸上打，阿公过来拔头发。

阿家把我的嘴撕破，小叔子过来揪耳朵。

叙事简洁且突出了特征，全篇叙述生动形象。

5. 西和乞巧歌更多用夸张、比喻、烘托等艺术手法。用夸张手法的，如《金蹄子花，银蹄子花》中说家中给姑娘说的丈夫年龄太小：

那家的儿子锤头大，立到一起不像事。

想拖上呢够不着，想抱上哩像个娃。

夜里哭着咂奶嫁，咻不像妇人倒像娘。

把小丈夫完全用漫画的方式表现了出来，不仅叫人感到这种婚姻制度的不合理，甚至叫人感到维护这种制度与习俗者的愚昧与可笑。

再如《温温水，新麦面》一首描写擀面：

擀杖一滚月儿圆，提起一口吹上天。

提银刀，切细面，一攒一攒像丝线。

下到锅里莲花转，夹到嘴里咬不断。

下面写阿公阿家把她擀的面条像拉绳子一样拉的几句，更是有漫画的特征。这类歌词，在《西和乞巧歌》中有不少。

（八）乞巧歌演唱与音乐舞蹈技巧的提高

乞巧歌中的迎巧歌、送巧歌、传饭歌、跳麻姐姐、泼又泼各种内容的礼神唱巧歌，不仅内容、题材上不同，音乐上也有不同，相应地，演唱时的舞蹈动作也有所不同。当地小孩子自然从小也听熟了一些，但在什么场合唱什么，歌曲和舞蹈的结合有什么规律，这些要到参加乞巧活动之后才能完全掌握。

《迎巧歌》《拜巧歌》《迎水歌》《跳麻姐姐》《水神歌》《转饭歌》《照花瓣》《送巧歌》等，都专门用在乞巧正式的仪式里，别的场合不能唱。仪程所用的每首曲子也不能颠倒顺序演唱。

《西和乞巧歌》卷二《雅》中的十几首全属此类，如《牛郎织女》《七仙女》《月英放羊》《死板姐》《三国歌》《孔司令》《光绪逃西安》《王佑邦打到石家关》《北关狮子南关的龙》《神团扎到大河里》《蒋旅长进了西和城》等。《风》诗里的《朝里文书连夜来》《十二个月种田》也属此类。这些歌一般都篇幅长，属叙事性，有些是历史传说，有些是新闻时政，其中有的流传很久。此外如《正月里冻冰二月里消》《十条手巾》《草青花红二月天》，这些歌曲用在仪式之后的乞巧仪程中，起到抒发感情、传播知识的作用，在旧社会有些也起到抨击现实的作用。

这些歌有的是二句式（一节二句。每节之后要唱副歌"巧娘娘，下云端，我把巧娘娘请下凡"），有的是三句式，有的是四句式。相应的音乐节奏，乐曲也不一样。

以上这些，都是姑娘们从最早参加乞巧到十五六岁逐步掌握的，这可以说是对姑娘们音乐素养的教育。

在六十多年以前封建礼教的禁锢下，女孩子可以聚在大庭广众之下一起跳舞唱歌，尽情欢娱，这是十分难得的。以西和礼县、天水西南一些地域为中心的一大片地方，姑娘们借着乞巧节做到了这些。

一年一度的乞巧节，就像每年一期的自修学校，姑娘们从中学习生活、生产知识，学习历史文化，学习和提高诗歌创作、音乐舞蹈的水平，学习社交和组织协调能力，参与社会工作的实习，特别是在健全心智、培养独立人格、增强关心社会的意识方面具有很大的意义。

后　记

　　汉水同遍及全国的七夕节俗和中国酝酿时间最长、产生时代最早、影响最为广泛的民间故事"牛郎织女"都有关系。银河在上古名"汉""天汉",是由地上的汉水而来(上古时东汉水、西汉水相连)。"汉"被作为天上星河之称,是早期秦人为纪念其始祖即以"织"名留青史的女修而成。秦人早期生活于今西汉水上游的陇南、天水一带,周人生活于今陇东庆阳一带,周、秦文化的交流形成了"牛郎织女"的传说。

　　汉水在西汉早期就因地震的原因在略阳附近中断,其上游向南合白水江流入长江,而其主要支流沔水则合众水称"东汉水"或"汉水"流入长江,上游部分遂被称作"西汉水"。两千来年中,人们忘记了汉水与西汉水的关系,也完全忘记了汉水、七夕节、"牛郎织女"传说三者间的关系。

　　在我很小的时候,家中有一本《乞巧歌》,毛笔竖行写成,姐姐常拿上看。姐姐赵兰馥是1934年初所生,到她能参加乞巧活动时,家中连续三年有丧事,按当地习俗,家中有丧事的三年内不能参加乞巧跳唱活动,这样,正当她喜欢参加乞巧活动的五年时间不能参加,所以她常拿出《乞巧歌》来看。那是父亲早年所编。四十来年后我才知道,其他很多地方的乞巧节都没有西和、礼县、天水一带那样隆重,更没有延续七天八夜的,所以我对相关问题常在思考。至20世纪80年代末,礼县大堡子山发现秦先祖陵墓之后,我想起《史记·秦本纪》开头一段文字,豁然大悟,这一带隆重的七夕乞巧活动同早期秦史有关,是早期秦文化的遗留。我后来写了两篇论文,分别刊于《北京社会科学》1990年第1期和《西北师大学报》1990年第5期。我觉得这方面还有很多相关的问题可以深入探究,对于揭示甘肃早期历史文化、推动国家非物质文化遗产的研究有很大意义,于是便进一步广泛搜集有关资料,准备集中精力做更深入的研究。但后来我被任命为中文系主任,只好将这个项目先放下,因为学校交代的任务是要尽快建成中国古代文学博士点。至1996年博士点建成，并建成对外汉语教育中心和新闻系、秘书学系。2000年学校又将历史系和敦煌所、古籍所、当代文学研究所也合并进来，成立了文学院，让我当院长。2003年古典文献学博士点和中国语言文学博士后流动站建成，历史系也建成专门史博士点。2004年我从院长职位上退下来，才又拿起十多年前不得不放下的属于民俗、民间文学范围的这个课题。2004年秋我到西和一中参加60周年校庆，向全校师生做报告，谈到了西和乞巧节同汉水和秦文化的关系，也说到我父亲在20世纪30年代组织学生收集乞巧歌的事。会后西和一中几位教师即组织学生成立"西和乞巧文化课题组"，对西和乞巧节俗进行广泛的调查、采访。2005年，我招收了三名古代民间文学研究方向的研究生，从不同方面研究七夕风俗与"牛郎织女"传说。西和一些同志参与由我主编的《西和乞巧节》，完成后同我父亲所编《乞巧歌》（后改名《西和乞巧歌》）一起由上海远东出版社于2014年出版（《西和乞巧歌》在此前已由香港银河出版社出版线装本一函二册），两书在学术界有较大影响。全国很多著名的民俗学家和民间文学研究专家到西和县进行了学术考察，并参加了"西和乞巧文化旅游节"。2006年，西和县被全国民协命名为"中国乞巧文化之乡"，2008年，西和七夕节被补列入《第一批国家非物质文化遗产名录》，2014年被文化部命名为"中国民间文化艺术之乡"。30多年来，我撰写相关论文50余篇，辑为《"牛郎织女"传说研究》《七夕文化透视》二书，由人民出版社于2021年、2022年先后出版。我同三个古代民间文学方向研究生共同完成的《主流与分流——"牛郎织女"传说与七夕节俗的传播与分化研究》也于今年由人民出版社出版。另外，2010我承担了国家重大招标项目"中国节日志"的子项目"七夕节"，组织了省内外从事西北民俗研究的九位学者和西和一中一位教师参加，对山西、山东、浙江、湖北、广东、陕西和甘肃的乞巧节俗做了实地考察，河北、福建等省也找到一些较系统的材料。经八年时间完成《中国节日志·七夕节》一书，对七夕节的形成与传播做了系统的论述，经专家们审阅通过，并已出版。

我始终认为以陇东南为中心的乞巧节对于认识甘肃古代的历史文化，认识两千多年来广大人民群众中存在的打破门第等级观念、弘扬男女平等、倡导勤劳致富的社会风气，很有意义。中国长期历史中是以农业为主，"男耕女织"简明地表现了我国几千年中广大劳动人民的生活方式。天汉上的织女星和牵牛星不仅反映了秦人、周人对自己始祖的怀念，也让我国五千年历史上农业劳动者的代表永远闪耀在高空，这在世界文化史上都是极其光辉的。

从历史文献来说，《诗经·周南》中的《汉广》和《秦风》中《蒹葭》两首诗就是对"牵牛织女"早期传说的反映，《蒹葭》产生于当时的汉水上游（今西汉水上游），而《汉广》产生于汉水中游。直至近代陕西省西部、南部有较普遍、隆重的乞巧风俗，留下来不少乞巧歌，特别是汉中市以南有的地方至今乞巧活动连续三天，这除陇南、天水的七天八夜之外，恐怕再找不出第二处。

在汉水中游，湖北西北部的郧西县也是全国对乞巧节俗较重视的地区之一，而且，郧西还有一条河叫"天河"。甘肃秦州，古也叫"天水"，20世纪在礼县永兴乡（在西汉水上游）出土两个"天水家马鼎"，上均有铭文，早期秦史专家祝中熹认为是秦或战国末年器物，则可以肯定"天水"地名的形成在战国或之前。由"汉"而产生天上的"汉""天汉""云汉"之名，又由"天汉"产生地上的"天水"之名，在汉水中游又产生一条"天河"。象征秦人始祖女修的星宿在天汉边上，故其在汉水边祭祖之地名"天水"。汉水中游有关于"牵牛织女"传说与相关节俗之地，也便有"天河"。

汉水在中国古代历史上留下的影响是很大的。刘邦、项羽相争的当中，项羽为了安抚和拉拢刘邦，立刘邦为汉王，治汉中一带，故刘邦平定天下之后，建立汉朝，为中国历史上完全统一，并延续数百年之王朝，自此作为中华民族主体的民族也名曰"汉族"。

所以我一直考虑将以汉水、"牛郎织女"传说、七夕风俗三者的关系为中心对相关问题做一全面系统的研究，对一些长久被人们淡忘、忽视的史实加以揭示。有些问题在以上提到的其他书中已经谈过，但本书对所论一些问题的认识，也是不断扩大联系，逐步走向清晰的。希望本书的出版对推动陇右历史文化的研究、对汉水文化的研究和民俗、民间文学的研究有一定帮助。

　　甘肃省文史研究馆研究室主任王世江去年向我说馆里将出一套"甘肃文史集萃"丛书，要我提供一本纳入其中。我当时就想到这本书。王主任曾同我一起到陕西参加过一次关于陕甘历史文化研究的会议，在来去交谈和平时接触中，知道他对甘肃地方文化研究十分重视，也了解很多。我希望把这个工作做好，但因为疫情的原因查找、核对资料不便，加上还有些其他事，修改工作进展缓慢。甘肃省文史研究馆馆长王华存是天水人，对甘肃历史文化的研究也特别重视。关于此书的出版他也很关心。

　　王主任催过几次，甘肃省文史研究馆办公室主任尚建荣也几次过问进展情况。今修改工作结束，将书稿上呈。感谢甘肃省文史研究馆各位领导的关心和支持，感谢王世江、尚建荣二位的督促。另外，也感谢我院田有余帮助我查阅材料等，做了不少工作。

　　　　　　　　　　　　　　　　　　赵逵夫
　　　　　　　　　　　　癸卯七月初七于西北师范大学文学院